DISCURSOS DE ÓDIO E VINGANÇA

Mauro Cardoso Simões

DISCURSOS DE ÓDIO E VINGANÇA

Nas fronteiras da democracia

EDITORA IDEIAS& LETRAS

Preparação e Revisão
Maria Ferreira da Conceição
Thalita de Paula

Diagramação:
Airton Felix Silva Souza

Capa:
Bruno Olivotto

1ª impressão

EDITORA IDEIAS & LETRAS

Rua Barão de Itapetininga, 274
República - São Paulo/SP
Cep: 01042-000 – (11) 3862-4831
Televendas: 0800 777 6004
vendas@ideiaseletras.com.br
www.ideiaseletras.com.br

Dados Internacionais de Catalogação na Publicação (CIP) de acordo com o ISBD

S593d Simões, Mauro Cardoso

Discursos de ódio e vingança: nas fronteiras da democracia / Mauro Cardoso Simões. - São Paulo : Ideias & Letras, 2021.
104 p. ; 14cm x 21cm.

Inclui bibliografia.
ISBN 978-65-87295-07-7

1. Ética. 2. Violência. 3. Tortura. 4. Vingança. 5. Democracia. I. Título.

2021-507 CDD 170
CDU 17

Elaborado por Vagner Rodolfo da Silva - CRB-8/9410

Índices para catálogo sistemático:
1. Ética 170
2. Ética 17

Para todas as pessoas com as quais compartilho a alegria e o prazer da amizade.

[...] apesar de todos os meus sofrimentos, todas as torturas que sofri, mostro-lhe hoje um rosto que a felicidade da vingança rejuvenesce.

O conde de Monte Cristo

Sumário

Prefácio

Prof. Dr. Gonçal Mayos Solsona[1]

O bêbado confessa: "Eu bebo para esquecer!". Mas, quando questionado, o que é que ele odeia tanto e que precisa perder de vista tão obsessivamente? Ele tem razão em lembrar que, acima de tudo, deve esquecer a tortura resultante de beber!

O suposto remédio tornou-se o principal desconforto, dor e doença. Obscurece qualquer outra causa que houvesse.

1 Gonçal Mayos Solsona é doutor em filosofia pela UB (Universität de Barcelona), e tem pesquisado na Université Paris/René Descartes, Universität Heidelberg e no Hegel Archiv da Ruhr-Universität Bochum. Obteve diversos prêmios: Prêmio Extraordinário de Licenciatura (UB), Terceiro Prêmio Fim de Licenciatura do Ministério de Educação e Ciência (MEC) e o Prêmio Prat de la Riba do Instituto de Estudos Catalães (IEC). Com base em suas pesquisas sobre Hegel, incluindo múltiplos trabalhos de análise concreta da filosofia moderna, está cada vez mais interessado na macrofilosofia; isto é, os processos de longa duração que ligam interdisciplinarmente os aspectos filosóficos, sociológicos, epistemológicos, sociológicos e políticos, atendendo aos grandes movimentos culturais e as quebras nas mentalidades sociais. Atualmente, investiga os mecanismos sociais e políticos que tornam possíveis a modernizaçâo e a pós-modernização em resposta à evolução das ideologias, do nacionalismo ou da racionalidade.

O que começou como uma fuga de uma realidade torturante, perde qualquer referência externa e se torna uma autotortura infinita.

Algo semelhante acontece com a vingança, o ódio e a tortura. Embora tenham uma causa legítima e uma origem externa, é muito provável que estabeleçam uma dialética tão obsessiva e autorreforçante que acabem se tornando a principal fonte de si mesmos.

Alguém se vinga porque sabe que é odiado, ofendido ou torturado. Além disso, o discurso de ódio é um ato perlocutivo linguístico: ele já realiza o que enuncia. Executa o ódio com sua simples enunciação ou existência. O discurso de ódio já é uma condição para a vingança e – inclusive – prepara-a no mundo simbólico e linguístico, que é muito real! É também um tipo de tortura – executada sobre si mesma – que trabalha para executá-la em outro.

Por isso, cai-se facilmente em uma dialética de vingança sem fim, em que as pessoas odeiam porque a odeiam, ofendem porque a ofendem, torturam porque a torturaram. Inclusive se esforça para ofender porque "sabe" que em breve outra ofensa lhe chegará. Odeia porque vive tanto em face do ódio quanto dentro dele. Tortura antecipando-se a qualquer tortura hipotética. Vinga-se preventivamente e com a máxima brutalidade para minimizar as possibilidades de que um dia possa sofrer uma vingança.

A dialética se retroalimenta e muito facilmente se "perde" a primeira causa, a culpabilidade inicial, o crime primordial e a origem de tudo. Ninguém sabe por que se vinga exatamente. Inclusive, aparece a dúvida de se se vinga ou – simplesmente – odeia, ofende e tortura.

Desde fora (nunca por dentro!) se estende a suspeita de que lhe ofendem porque está ofendendo, odeiam-no porque odeia e querem torturá-lo porque torturou. Até suspeitam que a "vingança" não é senão uma desculpa para odiar, ofender e torturar. Continuar em uma dialética perversa, ensimesmada, sem escapatória e mesmo autotorturante!

Ódio, ofensa, tortura e vingança sempre voltam como um bumerangue. São reflexivas e recíprocas. Constroem a discórdia humana e a prolongam infinitamente.

Vingança! É o grito ressentido que se converte em destino. É o presente submetendo-se ao passado de maneira agressiva e defensiva. É a construção de um futuro sem futuro.

Vingança! Expressa uma condenação digna de Sísifo, em que qualquer esforço, negociação, transação, alternativa, saída, paz, perdão ou reconciliação rola irremissivelmente para baixo. Aprofunda-se o ressentimento, persiste o ódio, volta a vingança, insiste-se na ofensa, retroalimentam-se o gozo e o sofrimento da tortura.

Vingança! É a condenação mais terrível e sutil: aquela que se faz a si próprio usando o "Outro" ao mesmo tempo como simulacro e dispositivo, como carrasco e bode expiatório. Converte até as gerações futuras em *deus ex maquina*, de uma dialética perversa, autoabsorvida, sem escapatória e, finalmente, autotorturante.

Chega-se a cair na loucura de odiar por vingança ante o próprio ódio. Alguém envolve-se na tortura para se vingar de não poder senão autotorturar-se com o ódio que sente e o aprisiona. Cada vez mais totalmente! Em um infernal *toujours recomencée*.

O círculo se fecha sobre si como a mais perfeita de todas as prisões. A condenação sisífica a que os humanos são dados. "O inferno são os outros", disse Sartre, mas propriamente é a prisão autotorturante que nós mesmos temos construído por sermos incapazes de conviver com os outros. Portanto, é o fracasso humano em conviver conosco mesmos.

***

A racionalização da vida sob o Estado moderno prometeu cortar a interminável dinâmica social das vinganças, ódios, ofensas e tortura. A Organização das Nações Unidas globalizou essa mesma aspiração, incluindo guerra, extermínio, limpeza étnica, genocídio, etc.

Mas, como Mauro Cardoso Simões observa em *Discursos de ódio e vingança: Nas fronteiras da democracia*, estamos diante de barbáries desumanas que persistem, embora muitas vezes de maneiras encobertas. E, portanto, devem ser pensadas profundamente. Além da vingança, o discurso de ódio ou a tortura não foram plenamente eliminados na atualidade. Sobrevivem perturbadoramente, são justificados e renascem com força incomum.

A institucionalização da justiça não conseguiu eliminá-las, embora se distancie dos envolvidos e trate os conflitos "profissionalmente" (porque não é de tudo "neutra") no âmbito da lei. Em grande medida, diz o professor Simões, "a justiça moderna e contemporânea deixa a pessoa ofendida com seu sofrimento, mesmo quando a lei é aplicada".

Certamente – além de multas, reclusões e indenizações monetárias – a aplicação moderna da justiça tem esquecido de compensar adequadamente os danos morais, simbólicos, subjetivos e de grupo. Com isso – a justiça majoritária hoje em dia – deixa aberta a ferida humana e social que pode reabrir a dialética terrível e autodestrutiva que denunciamos acima.

Isso facilita o retrocesso para estágios que acreditamos erroneamente terem sido superados. "Nas sociedades sem uma autoridade política central, a vingança não era uma relação entre dois indivíduos, mas entre dois grupos. Era coletivo, não individual" (conforme será visto adiante, na p. 35 desta obra). Porque não existem instituições superiores de justiça ou porque estas não são plenamente efetivas, reaparece o "vingador" que não pede que as instituições reconheçam seu sofrimento e o compensem; ele age fora das recomendações institucionais.

Mesmo nas sociedades hiperindividualizadas de hoje, o discurso de ódio que busca a ofensa coletiva persiste: "Para homofóbicos, assim como para racistas e sexistas, os crimes acontecem entre 'nós' e 'eles', ao invés de ser apenas entre 'eu' e 'você'" (adiante, p. 49). Conforme registrado no relatório da Anistia Internacional de 2014 (citado por Simões): os "indivíduos são torturados por causa de suas opiniões políticas ou porque usam sua liberdade de expressão. As pessoas pertencentes a um grupo religioso ou outro grupo minoritário em particular, ou alvo por causa de sua identidade, também enfrentam um risco aumentado".

Na base da atual sobrevivência (e até mesmo crescimento) dos fenômenos de ódio, ofensa, vingança e tortura, persiste a política como entendido por Carl Schmitt. Recorde-se: era uma antagonização entre um "nós" e um "eles", que foi construída a partir da designação por parte do "soberano" de quem são e devem ser os "amigos" e a quem corresponde ser os "inimigos".

Agora esse tipo de política não cura ou evita injustiças, mas as amplia, dando-lhes consistência "tribal" e impulsionando a luta entre leviatãs e comunidades. Isso vai além da dialética desumana que denunciamos de ódio, ofensa, tortura e vingança de indivíduos e coletividades. Por isso é especialmente dilacerante a debilidade da Organização das Nações Unidas que é inoperante para estabelecer justiça nesse nível.

Pois quando não há equidade mínima na sociedade, a vingança é a única justiça. Então, retrocedemos ao funcionamento do mundo durante milênios em que a vingança era a única vindicação possível para os vulnerados. Recordemos – com Simões – que "a palavra vingança vem do latim 'vindicare': reivindicar justiça".

Agora, se o perigo de vingança da vítima ou de sua família era então o único medo dos poderosos, também se tornava facilmente o prazer cruel de torturar os frágeis com pouquíssimos riscos. Ao final, reapareciam as dialéticas desumanas e autotorturantes que explicamos. Foram conduzidos performativamente em um círculo incessante de ódio, ofensa, tortura e vingança.

***

Discursos de ódio e vingança: Nas fronteiras da democracia nos oferece uma detalhada fenomenologia e sociologia desses fenômenos complexos. Em sua análise, o professor Simões assume a condenação moral da vingança, ódio e – evidentemente – da tortura.

É por isso que ele se concentra em analisar como – apesar da rejeição ética – múltiplos fenômenos de vingança, práticas de discurso de ódio e tortura persistem em nossas sociedades. Indo um pouco além, ele se questiona sobre sua condição de possibilidade e por que algumas de suas práticas mais abjetas são executadas mesmo em regimes que se pretendem democráticos.

O professor Simões parte de exemplos clássicos e fontes literárias para analisar fatos perturbadores de nosso presente, como as torturas em Abu Ghraib, onde foi aplicada uma lógica astuta que procurava ocultar sua violência intrínseca. Como reflete agudamente, em vez de exercer força sobre o corpo dos torturados, obriga-se que este (de maneira premeditada e sob ameaça de morte) force seu próprio corpo a posições dolorosas e degradantes – que não podiam modificar.

"Não se trata de infligir ferimentos ao prisioneiro usando força externa. Em vez disso, a técnica usada em Abu Ghraib transferiu a força para o corpo do prisioneiro, que inflige a dor a si mesmo. A ameaça de violência extrema mobiliza medos, que levam a pessoa a permanecer em uma posição que a leva a sofrer agonia. O capuz, que era um saco de dormir usado, rouba do prisioneiro não apenas a visão e a orientação, mas também afeta seu senso de equilíbrio" (adiante, p. 86).

Todos nós que vimos as fotos de Abu Ghraib ainda as temos impressas em nossa memória. Mas, em vez disso, nos fazem falta muitas outras violações contemporâneas desumanas. Não as temos do assassinato anterior de Jamal Khashoggi, e muito poucas, por exemplo, de Guantánamo, também limitadas a situações aparentemente vazias de violência.

Mas sabemos e registramos todos os dias que essas práticas desumanas continuam. Simões analisa as tentativas atuais – mesmo em Estados supostamente democráticos – de reconsiderar a proibição da tortura e praticá-la em áreas mais ou menos paralelas, sem garantias ou autorização judicial. É o caso, por exemplo, do Ato Patriótico (*Patriotic Act*) aplicado pelos Estados Unidos, mas também de posturas mais instrumentais, como a defendida pelo presidente espanhol Pedro Sánchez, quando afirmou querer compatibilizar o assassinato brutal de Khashoggi pelas autoridades sauditas com "defender o interesse dos setores estratégicos espanhóis".

O professor Simões analisa detalhada e rigorosamente as argumentações que desejam rever a proibição da tortura a partir do sempre hipotético e radical "cenário da bomba-relógio". Recorde-se: a corrida contra o relógio para evitar um atentado que supostamente mataria muitas vítimas. Imediatamente entra-se no cálculo utilitário quantitativo de "vantagens e desvantagens" sobre os métodos utilizáveis, onde "os fins justificariam os meios".

Com isso se esquece – lembra Simões – que "aqueles que são torturados ficam torturados para sempre. Se você deseja criar terroristas, a tortura é uma maneira bastante certa de fazê-lo" (adiante, p. 59). Facilmente se esquece que o pior da tortura é a dialética radicalmente destrutiva que explicamos, pois se retroalimenta – junto com o ódio, a ofensa e a vingança – em um círculo vicioso que se fecha facilmente sobre si mesmo e sem escapatória.

Pois, como belamente diz Améry (e Simões cita): já com o primeiro ato de tortura se "perde algo que talvez chamaremos temporariamente de 'confiança no mundo'" e "uma parte de nossa vida termina e nunca mais pode ser revivida".

Introdução

Compreendo que a modernidade e a contemporaneidade sejam essencialmente normativas, ou seja, mais voltadas para o exame de como as coisas *devem* ser e pouco preocupadas em como as coisas *são*, gerando um esquecimento proposital de uma quantidade significativa de temas e problemas que existem no mundo. O tema da vingança é um destes temas e aqui não terá o sentido normativo, o que significa que não abordarei em que medida a vingança deve ser eliminada da vida social, não proporei uma visão negativa de suas características e nem defenderei que o mundo ficará melhor se a extinguirmos. A tarefa será explorar que a supressão formal não implicou sua extinção pura e simplesmente. Será um exercício de reconhecimento: a vingança está entre nós e em nós.

A segunda parte deste livro tem como objetivo examinar o tema do ódio e do discurso de ódio. Considero que existem crimes motivados por ódios *genuínos* que nunca seriam processados como crimes de ódio, e o termo "crime de ódio" pode abranger formas de preconceito que nunca se qualificariam como odiosas em qualquer uso convencional do termo. No entanto, a ambiguidade do termo "ódio" é apenas uma entre várias causas de confusão sobre o significado dos "crimes de ódio". Destacarei que um aspecto importante para o entendimento do discurso de ódio e dos crimes de ódio é o que compreendemos por extremismo. Isto nos conduizirá ao núcleo da reflexão.

A terceira parte tem como eixo de análise a tortura, que tem sido considerada uma arma legítima diante do terrorismo global. As manifestações sobre a tortura são seguidas tradicionalmente por uma rejeição absoluta. Na atualidade, a demanda pela legalização da tortura e a defesa de sua moralidade está baseada no raciocínio que se chama *cenário da bomba-relógio*. Submetida ao escrutínio e proibição em tratados internacionais, dadas as terríveis constatações de torturas na segunda guerra mundial, a condenação das práticas de tortura foi compreendida como uma conquista civilizatória da humanidade.

Tipicamente entendida como a essência de regimes totalitários, ditatoriais, e associada a um estágio atrasado da história, o questionamento da legitimidade da tortura foi posto em cena recentemente, com os eventos do *World Trade Center* (11 de setembro de 2001), em Nova Iorque. De lá para cá temos regimes democráticos e liberais que reintroduziram a discussão sobre a plausibilidade da tortura diante dos casos extremos de ações terroristas.

Considerado por alguns como um *mal menor* a ser suportado pelos ganhos adicionais em segurança e em bem-estar, a justificativa racional da tortura tem legitimado a introdução de novas formas de interrogatório para a obtenção de informação de supostos conhecedores de planos vinculados ao terror. Tais práticas estão presentes em *Guantánamo* e *Abu Ghraib*, dois símbolos associados à prática da tortura. A constatação é estarrecedora: a tortura, um resíduo totalitário, encontrou abrigo no centro dos regimes democráticos.

Essa parte do livro nasce da inquietação diante de manifestações acerca da validade da tortura em ambientes democráticos. Situa os aspectos de seu ressurgimento e reconhece aquilo que é um dos temas mais essenciais na atualidade: a tortura passou a ocupar um lugar de destaque na democracia liberal e não se pode escamotear essa realidade. Ainda que não trate especificamente do caso brasileiro, não me parece que a atual situação, em que um representante de um país democrático manifesta-se pela validade e legitimidade da tortura, seja menos grave. Mais do que lidar com o passado terrível, exaltando-o, a tortura e o extermínio de inimigos parecem ocupar sua fundamentação nos discursos que entrecruzam passado e presente, plasmando o futuro. É nesse sentido que os temas aqui tratados, vingança, ódio, discurso de ódio e tortura, ganham relevância.

1. A vingança

"— Oxalá tenha um despertar tormentoso! – exclamou ele, numa voz terrível, batendo com o pé e rosnando, num acesso de descontrolada paixão.

— Ela mentiu até o fim! Onde está ela? Não está lá... não está no céu... não morreu... onde é que ela está? Oh, você disse que não se importava com os meus sofrimentos! Pois bem, vou rezar. Vou rezar até não ter mais fôlego, para que você, Catherine Earnshaw, não possa ter descanso enquanto eu esteja vivo! Você disse que eu a tinha matado... Pois bem, assombre-me! As vítimas costumam assombrar os seus algozes. Sei de fantasmas que erraram de verdade pela terra. Persiga-me, assuma a forma que quiser, enlouqueça-me até!

Mas não me deixe neste abismo, onde eu não posso encontrá-la!"

BRONTË, Emily. *O morro dos ventos uivantes*

"O ódio é cego, a raiva atordoa, e aquele que serve a vingança arrisca-se a beber uma bebida amarga."

O conde de Monte Cristo

"Daqui a uma semana terei deixado este país, onde tantas pessoas que haviam merecido a vingança dos céus viviam felizes, enquanto meu pai expirava de fome e de dor."

O conde de Monte Cristo

Ao longo da história da humanidade, a *vingança* sempre esteve profundamente arraigada em nossas relações. Não por acaso, ela tem sido ricamente retratada na literatura, na música, no teatro e no cinema. O direito de se vingar de outra pessoa por uma ação considerada terrível, uma expressão da *lex talionis* (lei de talião), é tão antigo quanto a humanidade. Ele aparece em muitos mitos e códigos jurídicos antigos, incluindo o livro de *Êxodo* do Antigo Testamento (21: 24-25 – olho por olho, dente por dente, pé por pé, queimadura por queimadura, ferida por ferida, golpe por golpe). Conforme expresso em incontáveis mitos antigos, receber retribuições leva a doenças, mortes, catástrofes "naturais" ou outros exemplos de má sorte. Por outro lado, nos tempos modernos, a reação social à vingança costuma ser ambivalente. Para muitos, a vingança está muito distante dos grandes confrontos que dão origem a novas sociedades, e se destaca como confronto entre indivíduos que devem ser estudados. Sem dúvida, alguém que esteja interessado no caráter político e moral da vingança deve considerar que esta não se encaixa nas convenções conceituais na atualidade. Há quem pense que, compreendida coletivamente, não seria realmente uma questão de conflito político, nem de lutas sindicais, de tensão social, de ódio ou exacerbação pessoal. Isso, no entanto, parece ter sofrido uma alteração recentemente, de tal modo que podemos encontrar o *espírito de vingança* associado a grupos, coletivos, partidos ou culturas inteiras. É preciso ter em mente que a instituição política da anistia testemunha indiretamente o seguinte:

o esquecimento prescrito pelas autoridades superiores, até o século XX, era considerado um meio testado e comprovado de combater o ressurgimento das antigas necessidades de vingança após conflitos violentos (especialmente guerras civis). A guerra civil em Ruanda (1994) parece ser um desses casos, bem como o conflito étnico entre sérvios e bósnios (1989). A vingança não é, assim, exclusivamente um ato de vontade subjetiva, mas pode ser incluída como componente político nas questões mais importantes da atualidade.

Na medida em que consciente ou inconscientemente participamos de campanhas coletivas de vingança, quer assumamos este nome ou não para nossas práticas, nos deixamos seduzir pela ilusão de que é possível superar o caos experimentado do mundo real e restabelecer a ordem social, na tentativa de recuperar um paraíso perdido através da opressão e destruição de inimigos externos ou internos. Especialmente em conflitos políticos violentos, muitas vezes acontece que a vingança se misture com outros motivos ou, em casos extremos, sirva como pretexto para disfarçar retoricamente outras intenções inconfessáveis. A vingança aparece ainda com mais intensidade quando nos voltamos para as chamadas redes sociais. Nelas a vingança se multiplica e se revitaliza, adquirindo um caráter inédito com o seu ressurgimento (a expressão mais comum e que associo com a vingança é: "*dar o troco*"; ainda que não se utilize a palavra vingança, seu conteúdo está atrelado inevitavelmente ao termo). Pensando no plano do indivíduo, a vingança aparece com mais frequência como um assunto particular a ser incluído nas colunas de jornais e discutido a céu aberto.

Uma vez que a modernidade e a contemporaneidade são essencialmente normativas, ou seja, mais voltadas para examinar como as coisas *devem* ser e pouco preocupadas em como as coisas *são*, há um esquecimento proposital de uma quantidade significativa de temas e problemas que existem no mundo. O tema da vingança é um destes e aqui não terá o sentido normativo, o que significa que não abordo em que medida a vingança deve ser eliminada da vida social, não proporei uma visão negativa de suas características e nem defenderei que o mundo ficará melhor se a extinguirmos. A tarefa será explorar que a supressão formal não implicou sua extinção pura e simplesmente. Será um exercício de reconhecimento: a vingança está entre nós e em nós.

1.1. Que coisa é a vingança?

Mas, o que é vingança? Procurar uma resposta para essa pergunta significa encontrar os contornos de um conceito que possui a notável propriedade de ser semanticamente *superestimado* e sistematicamente *subestimado* ao mesmo tempo. Semanticamente *superestimado* na medida em que a vingança está presente entre os conceitos emocionalmente carregados, nos quais o mero som da palavra costuma ser suficiente para evocar uma infinidade de ideias, imagens e sensações; associações que geralmente são acompanhadas de fortes avaliações e emoções normativas. Quase todo mundo que ouve a palavra vingança costuma dizer alguma coisa sobre o assunto e quase sempre assume a forma do relato de um caso concreto ou hipotético, que não é de forma alguma coincidente com as demais visões sobre o tema. Sistematicamente *subestimado*, na medida em que pouca atenção filosófica e geralmente teórica foi dedicada à conceituação da vingança e ao aprofundamento e análise da nossa compreensão dos fenômenos associados a esse termo. Assim, a vingança é geralmente compreendida como a ação de se vingar, infligir punição por uma ofensa recebida ou mesmo agir como retaliação por alguma ação entendida como prejudicial ou danosa. Entendida como uma explosão de paixões individuais descontroladas, cega, disfuncional e excessivamente violenta (daí a expressão: *louco por vingança*), a vingança parece contradizer tudo o que a modernidade representa – particularmente o estabelecimento de procedimentos legais baseados nas ideias de imparcialidade e razão desapaixonada. A motivação frequente por parte de teóricos sobre o tema não foi, primariamente, uma melhor compreensão da vingança, mas o fornecimento de razões para sua condenação. A legitimação do Estado e a deslegitimação da vingança faziam parte do mesmo projeto de racionalização do mundo. No entanto, a vingança e sua concretização permanecerão componentes imprescindíveis de qualquer teoria realista da condição humana.

Profundamente criticada e acreditando-se que tenha sido expulsa da vida social, a vingança continua fascinando quando fornece motivos intrigantes à literatura e ao cinema. Se isso agrada e diverte ao mesmo tempo, pode-se sentir tentado a pensar que essas artes desempenham seu papel de *purificação*, de *sublimação*, de *catarse*. Mas então devemos reconhecer na vingança uma grandeza terrível, uma sublimidade que excede os julgamentos morais universalmente estabelecidos. Ou, mais exatamente, é a figura do vingador que parece sublime, mais do que os atos de vingança, porque suscita a pura ideia de justiça impossível. A vingança se torna filosoficamente interessante quando torna possível colocar o seu relacionamento com a justiça.

Excluída do sistema jurídico e considerada como um sentimento que deve ser anulado, suprimido ou amenizado, a vingança aparece como um óbvio e insuperável sentido de apreciação subjetiva de quem experimentou um erro como um ataque à sua imagem simbólica, à sua honra ou à sua dignidade. Isso é algo bem diferente da centralidade da vítima no sistema judicial, uma centralidade apresentada nos últimos anos e que inspirou profundas mudanças no sistema de justiça criminal. De fato, o vingador não pede que as instituições reconheçam seu sofrimento e o compensem; ele age fora das recomendações institucionais. Na melhor das hipóteses, a vingança tem o significado de uma denúncia em princípio da instituição judicial e o vingador carrega a afirmação de outro tipo de justiça. Caso contrário, a natureza irreparável da vingança residiria no fato de que ela não pretende se universalizar: não tem pretensão de uma reforma institucional e reivindica seu *status* de excepcionalidade. A vingança seria, assim, um sentimento íntimo e, caso também resulte em ação vingadora, estritamente excepcional e episódica.

Então, o que seria a vingança? Como o conteúdo central deste termo pode ser compreendido? Se alguém procurar em dicionários e enciclopédias, geralmente existem afirmações que definem a vingança como um *ato* ou um *motivo*. No entanto, essas definições são geralmente muito sintéticas (por exemplo: a palavra vingança vem do latim *vindicare*: reivindicar justiça). Por um lado, é notável que na palavra vingança a distinção entre *ato* e *motivo* seja mantida em suspenso. Vingança pode, em princípio, significar tanto o *desejo* de praticar a vingança quanto o *ato* que realiza esse desejo. O significado predominante se associa a cada caso e apenas com base no contexto da ocorrência da vingança. Por outro lado, uma característica essencial do termo vingança parece residir precisamente no fato de que, em seu uso costumeiro, ele já atua como o indicativo de uma narrativa do vingador sobre seu opositor. Sugiro que devamos entender a vingança como uma inter-relação de *ação* e *sofrimento*. Não há, assim, equivalência entre vingança e raiva, uma vez que a raiva sempre resulta de uma ofensa cometida por alguém contra nós, mas não decorre do reconhecimento em alguém de alguma coisa em particular resultante de um traço de caráter. Podemos odiar alguém por causa de seus traços comportamentais gerais, não podemos ficar com raiva dela com base em sua personalidade. A raiva está na base da busca de vingança, mas não é a essência da vingança. As relações sociais e, de maneira mais ampla, toda interação entre as pessoas são potencialmente um espaço de insulto ou desonra: quando algo assim ocorre, quem sofre é, assim, obrigado a se vingar? A raiva, concebida nesses termos, é dessa maneira para guardar nossa própria honra e os valores de toda a sociedade? Segundo Aristóteles, a raiva pode ser considerada como o mero desejo de restaurar o estado original das coisas antes do insulto, e isso só pode ser realizado por vingança (Aristóteles, *Retórica* 2.2, 1378b).

Da mesma forma que se defende, por exemplo, a espiritualidade no registro da vida privada, a justiça moderna e contemporânea deixa a pessoa ofendida com seu sofrimento, mesmo quando a lei é aplicada, porque considera que além de seus julgamentos e convicções existe uma região em que a intimidade ferida seja deixada aos cuidados da administração unicamente pessoal. Não se trata apenas de repetir que a justiça humana é imperfeita, mas em dizer que sua maior imperfeição reside na ferida irredutível que toda a dor deixa quando a ofensa afeta o que o sujeito reserva exclusivamente para si próprio, a tal ponto que nada resta quando lhe é tirado.

O vingador, sabendo que está só e desamparado em sua dor, acredita firmemente que a felicidade de seu inimigo foi adquirida ao preço de sua infelicidade. Assim, quem busca vingança estabalece uma relação causal entre seu infortúnio e a felicidade de seu inimigo e não imagina que isso seja suportável.

Nesse sentido, a vingança vai muito além de uma reivindicação legal ao reconhecimento de um *crime* que permaneceu impune, uma vez que *não* se apoia no princípio da igualdade entre punição e sofrimento. É uma exigência que vai além da compensação, porque para o vingador o dano sofrido não pode ser literalmente punido: para o vingador o mal é aquilo que foi causado em sua honra, em sua dignidade, em sua confiança, em sua inocência. Ele é aquele que pressupõe saber que sua honra, dignidade, confiança e inocência são incomparáveis; acredita que porque não são apenas valores, não podem entrar em um sistema de equivalência, não havendo medida da penalidade possível porque o próprio sofrimento sentido estaria além de uma medida possível. Honra, dignidade, confiança e inocência, neste sentido, seriam mais do que valores: seriam elementos constituintes de uma subjetividade na qual o vingador está totalmente imerso. Podemos ficar tentados a dizer que o vingador exibe rigidez moral indecorosa e refere seu comportamento a fatores psíquicos desviantes.

Em primeiro lugar, pode-se afirmar que vingança pode ser qualificada de violência. Em segundo lugar, num sentido mais neutro, a vingança é a violência infligida em resposta a outra violência. Mais especificamente, podemos lembrar que a ideia de vingança geralmente se refere a duas dimensões inseparáveis: por um lado, a experiência subjetiva de uma ofensa, uma afronta, uma humilhação, um ataque à dignidade ou honra experimentada como uma forma de injustiça que, na segunda dimensão, demandaria ou até mesmo exigiria reparação, não passando por um corpo externo, mediador, mas sendo exercido por si mesmo (este é o significado da expressão "justiça com as próprias mãos").

1.2. A vingança: um prato para ser comido frio?

Longe de chamar apenas uma ação isolada ou um certo motivo de ação, o uso do termo vingança implica um esquema particular ou princípio de vinculação que permite que uma variedade de eventos, ações, circunstâncias e intenções, consequências intencionais e indesejadas, seja levada a uma ordem significativa e a uma unidade compreensiva.

O ditado popular que afirma "a vingança é um prato que deve ser comido frio" significa que ela é um produto puro de inteligência e vontade. Nesse sentido, é necessário distinguir a vingança de que estamos falando aqui de linchamentos, reações violentas e eruptivas, que são formas ritualizadas de justiça privada inter e intracomunitária, com o objetivo de restabelecer uma aparente ordem social.

O impulso para a vingança emerge da experiência de ser prejudicado: sentimos um desejo de ferir aqueles que nos feriram. A pessoa ofendida se torna o ofensor e vice-versa.

Nesse sentido, o cenário paradigmático de vingança parece ser o mesmo que no caso do perdão: há dois indivíduos, um dos quais prejudicou o outro. No entanto, esse cenário paradigmático não pode ser considerado universal. Nas sociedades sem uma autoridade política central, a vingança não era uma relação entre dois indivíduos, mas entre dois grupos. Era coletivo, não individual. Mesmo nesses casos, a vingança não era descontrolada nem excessivamente violenta, mas controlada.

O sistema conhecido como *justiça vindicatória* não visava perpetuar a violência, mas pôr fim ao conflito. Existem procedimentos complexos de compensação, que permitem compensar um dano incorrido sem o uso de violência. Em vez disso, a parte do malfeitor faz as pazes oferecendo alguma forma de compensação simbólica. Tudo isso é objeto de negociações. A vingança cerimonial permanece dentro da esfera da reciprocidade, que, ao mesmo tempo, é a esfera dos parceiros na aliança e na troca horizontal de bens.

A crença popular segundo a qual a vingança nas sociedades pré-modernas é necessariamente violenta e socialmente disfuncional – uma crença compartilhada pelo senso comum e uma grande parte da filosofia moderna –, portanto, se mostra equivocada e empiricamente imprecisa. A vingança dos supostos "selvagens" é tudo, menos selvagem. De fato, ela só assume essa forma sob a condição de estabelecimento de uma autoridade política central. Em outras palavras, a vingança descontrolada não é o que a modernidade abandonou, mas algo que deu origem ao substituir o sistema vindicatório por um novo modelo, um sistema administrado por um poder central que apenas recebe o direito de julgar e punir.

Essa substituição da vingança cerimonial pela *justiça procedimental* (o nosso sistema de justiça) abre a possibilidade de vingança privada, pois a vingança não é mais o objeto da aplicação jurídica. Ela toma a forma de uma compensação pessoal e não a inclui num procedimento completo e instituído. Por outro lado, libera a violência individual em vez de expressar a ação do grupo em relação a outro grupo.

1.3. Atos de vingança

A referência à vingança que pode servir para legitimar atos de violência também é usada inversamente para negar legitimidade a certos atos. A retórica política faz uso de uma ambivalência resultante do fato de que o *status* moral da vingança e sua relação com o certo e o errado podem ser entendidos de maneira diferente, não apenas entre sociedades diferentes, mas geralmente dentro de uma mesma sociedade. A sugestão de que o termo "atos de vingança" em muitos *discursos* esteja relacionado a estratégias de legitimação ou deslegitimação é importante porque levanta o problema e a questão de quais critérios podem ser usados para distinguir os casos em que a vingança é, na verdade, o motivo determinante de uma ação e nos casos em que isso é afirmado apenas por razões estratégicas. Resumindo, nem sempre que se fala de "vingança" realmente existe vingança. Neste caso, como podemos diferenciá-las? Uma vez que afirmei que a vingança está associada à ação (de um terceiro com sofrimento resultante desta ação), esta é motivada por aquela apenas quando se refere a uma violação passada, ou seja, quando está em aberto uma ação anterior que o sujeito vingador sofreu, direta ou indiretamente, e pela qual foi afetado negativamente. A ação vingativa, então, tem uma função de integração, de recomposição das relações. A vingança, assim, não está vinculada exclusivamente ao sofrimento, mas pode gerar sociabilidade e sentimento de pertencimento a um grupo.

A referência a uma lesão passada está necessariamente implícita no conceito de vingança. Para que possa haver vingança três pressupostos são imprescindíveis: a capacidade de agir, a capacidade de sofrer e a capacidade de recordar.

Ainda que a vingança tenha sido historicamente uma forma de regulação de conflitos sociais, assim como a sua acomodação ou o recurso à justiça formal, ela geralmente é ignorada. No máximo, em uma perspectiva histórica, alguns posicionamentos evocam a chamada "vingança social", especialmente em época de repressões, como na atualidade. Neste sentido, a principal preocupação dos vencidos seria lidar com a vingança dos vencedores, invertendo a máxima de Luis Ménard ao dizer que a preocupação dos vencedores "após a vitória, era lidar com a vingança dos vencidos"

Do campo para a cidade, do individual ao coletivo, do social ao cultural, do crime passional contra a repressão de movimentos sociais ou políticos, não há dúvida de que a vingança precisa ser examinada em suas múltiplas dimensões. É importante estudar suas formas, manifestações e até seu escopo. Se a vingança possui uma certa racionalidade, responde a lógicas individuais ou de grupo, mas também escapa às normas estabelecidas pela legislação e pelas sociedades contemporâneas, daí a importância de compreendê-la.

A compreensão dos ciclos de vingança e ódio entre carrascos e vítimas, como na África do Sul, Argentina, na guerra civil de Ruanda, no Sudão, em Uganda, na Indonésia e também no Brasil (para citar apenas alguns exemplos), ajudará na tentativa de exame da reciprocidade violenta, pela demanda por verdade e justiça ou por perdão e reconciliação.

1.4. Referências

ARENDT, Hannah. *The Human Condition*. 2. ed. Chicago: University of Chicago Press, 1998.

DERRIDA, Jacques. *On Cosmopolitanism and Forgiveness*. Trad. Mark Dooley e Michael Hughes. Londres/Nova Iorque: Routledge, 2001.

FON, Vincy; PARISI, Francesco. "Revenge and Retaliation". *In*: PARISI, Francesco; SMITH, Vernon (eds.). *The Law and Economics of Irrational Behavior*. Califórnia:

Stanford University Press, 2005. Disponível em: http://www.gmu.edu/departments/law/faculty/papers/docs/02–31.pdf. Acesso em: 16 set. 2020.

GOVIER, Trudy. *Forgiveness and Revenge*. Londres/Nova Iorque: Routledge, 2002.

JACOBY, Susan. *Wild Justice: The Evolution of Revenge*. Nova Iorque: Harper & Row, 1983.

PICARD, Louis. *La théorie de la vengeance à travers les âges et ses survivances aux temps modernes*. Rennes: Édoneur, 1934.

MÉNARD, Louis. *Prologue d'une révolution: Février-juin 1848*. Paris: La Fabrique, 2007 [1849].

SOLOMON, Robert C. "Justice v. Vengeance: On Law and the Satisfaction of Emotion". *In*: BANDES, Susan A. (ed.). *The Passions of Law.* Nova Iorque: New York University Press, 1999, p. 123-148.

______. "Sympathy and Vengeance: The Role of the Emotions in Justice". *In*: GOOZEN, Sthephanie H. M. van; POLL, Nanne E. van de; SERGEANT, Joseph A. (eds.). *Emotions: Essays on Emotion Theory*. Hillsdale, NJ: Lawrence Erlbaum Associates, 1994.

VERDIER, Raymond *et. al.* (eds.). *La vengeance: Études d'ethnologie, d'histoire et de philosophie*. 4 vols. Paris: Editions Cujas, 1980-1984.

2. Ódio e discurso de ódio

"Quem odeia acredita que o objeto de seu ódio tem propriedades que não mudam. Eles acreditam que, em certo sentido, os objetos do ódio não podem ajudar a si mesmos, que os atributos estão embutidos em sua natureza."

HOROWITZ, Donald. *The Deadly Ethnic Riot.* Berkeley: University of California Press, 2001, p. 544

"[...] o ódio é uma indiferença à indiferença: no ódio, o objeto faz a diferença, mas não pode satisfazer o sujeito, cuja necessidade vai além dele (excesso que faz do objeto um objeto)."

AHMED, Sara. "The Organisation of Hate". *Law and Critique,* 12 (4): 352, 2001

2.1. Que coisa é o ódio?

Não existe uma definição universalmente aceita de crime de ódio (HAMM, 1994). O termo *crime de ódio* foi usado pela primeira vez nos EUA por políticos e jornalistas para descrever crimes individuais que podem ser cometidos contra um indivíduo, ou um grupo de indivíduos, com base em quem eles são e não no que fizeram. O *discurso* de ódio é uma forma de *crime* de ódio, e pode assumir a forma de palavras escritas ou faladas. Assim, o discurso de ódio pode ser definido inicialmente como um discurso que inflige dano emocional e contém comentários inflamatórios, destinados a despertar em outros indivíduos ataques públicos que causem dano social grave.

As emoções, neste sentido, não são meras sensações ou excitações corporais. Podemos sentir náuseas, ter o coração palpitante, as palmas das mãos suadas ou as pernas irriquietas, mas isso é apenas parte da experiência emocional. Nas emoções, somos direcionados a algo em nosso mundo, a saber, o objeto de que trata a experiência emocional. Esse objeto pode parecer pouco claro (como quando você se sente triste sem realmente saber o motivo) ou mal direcionado (como quando você fica com raiva de seu cônjuge porque seu chefe é um idiota), mas a direção ou a intencionalidade ainda é uma parte definidora da maioria das experiências emocionais (exceto humor, ansiedade ou tédio). Nas emoções, a excitação corporal se conecta a certos pensamentos e julgamentos sobre o objeto da emoção, unidos por estruturas narrativas culturalmente disponíveis. O coração palpitante, as palmas das mãos suadas e as pernas irriquietas fazem parte de uma experiência que poderíamos chamar, por exemplo, raiva de alguém que nos traiu, desprezo ou pena daqueles que consideramos baixos, ou medo disso ou daqueles que nos ameaçam. Se é uma ou outra – ou uma das muitas inflexões possíveis para as quais nem sempre temos rótulos emocionais particularmente adequados – depende, no mínimo, da organização narrativa mais ampla da qual as excitações corporais fazem parte. Normas sobre conduta adequada, sobre ser digno, sobre o que se espera de nós, ou sobre o que devemos temer, fazem parte da experiência emocional e vinculam a excitação corporal à memória biográfica, às circunstâncias políticas, às estruturas ideológicas, etc. Da mesma forma, a mera cognição e avaliação sobre um objeto no mundo não constituem uma emoção.

As emoções sempre foram pensadas para envolver um *link* para a ação. De fato, é isso que o termo emoção indica. De acordo com o *Oxford English Dictionary*, a etimologia de "emoção" sugere comoção, inquietação, movimento, agitação, deslocamento, etc. de qualquer coisa, da mente ao público ou mesmo a um povo. Se o vínculo é direto ou indireto, as emoções envolvem motivos, desejos, talvez até disposições comportamentais ou tendências de ação. Por exemplo, pode-se pensar que a raiva é ou implica um desejo de vingança e um medo intenso. A ideia básica de que as emoções informam ou influenciam nossas ações ou disposições para agir talvez seja a principal razão para que os estudiosos do genocídio demonstrem algum interesse na compreensão do ódio e talvez justifique por que a discussão sobre o ódio nos estudos sobre o genocídio tenha se concentrado, quase que exclusivamente, na questão do papel causal do ódio nas explicações da violência.

No entanto, embora a relação entre emoção e ação no caso do ódio seja geralmente considerada relativamente *forte*, deve-se tomar cuidado para não assumir nenhuma rota direta da emoção para a ação. Isso ficou claro para Charles Darwin em suas investigações das expressões das emoções em seres humanos e outros animais:

> Um homem pode ter a mente cheia do ódio ou da suspeita mais obscura, ou ser corroído pela inveja ou pelo ciúme, mas como esses sentimentos não conduzem imediatamente à ação e, como costumam durar por algum tempo, não são mostrados por nenhuma sinal externo, exceto que um homem nesse estado certamente não parece alegre ou bem humorado. (DARWIN, Charles. *The Expression of the Emotions in Man and Animals.* Cambridge: Cambridge University Press, 2013 [1872], p. 79)

De acordo com Miller (2003, p. 203), "O ódio, substantivo, e o ódio, verbo, não coincidem completamente em seus alcances semânticos. O ódio traz consigo mais intensidade e seriedade do que muitos de nossos usos mais comuns do verbo". Seja experimentado como um desejo de prejudicar ou destruir, abandonar ou expulsar, o ódio está no limite extremo das emoções em jogo em nossas vidas relacionais. Os objetivos ou desejos envolvidos no ódio diferem de maneira interessante daqueles caracteristicamente relacionados à *raiva* ou ao *ressentimento*. Como observado por Peter F. Strawson, o ressentimento tende a inibir um pouco a boa vontade, mas de forma a considerar o malfeitor como um membro – em situação relativamente boa – da comunidade moral (STRAWSON, 1974). Como resposta a uma violação percebida em uma expectativa normativa, o ressentimento pode motivar a exigência de que a natureza moral do que aconteceu seja reconhecida, que a parte culpada seja adequadamente censurada, que a retribuição seja exigida ou a garantia de que as normas que foram violadas estejam de volta em outra ordem. Nada disso, no entanto, implica um desejo ou intento de prejudicar seriamente, matar ou se livrar do transgressor como tal.

Não se odeia simplesmente alguém ou algo: odeia-se por alguma característica específica ou por ter feito alguma coisa, alguém odeia por uma razão, acredita ou julga que eles (pessoas ou coisas) *são* ou *representam* algo. Mas o quê? Odiamos por algo específico ou por várias razões? De acordo com Aristóteles, o ódio é baseado no julgamento moral ou na percepção de que o outro odioso é um tipo de pessoa ruim ou cruel. Assim, na antiga visão aristotélica do ódio, este aparece como dirigido para categorias de pessoas que são consideradas de caráter cruel ou de disposição hostil. Da perspectiva da filosofia moral, seria interessante examinar se é possível abrigar tais julgamentos ou percepções e estar aberto a evidências de que o *Outro* pode ou talvez já tenha mudado de alguma maneira moralmente relevante (por exemplo, através de atos de remorso e expiação). De todo modo, o ódio também nomeia uma emoção intensa, um sentimento de "contrariedade" que é sempre, no sentido fenomenológico, intencional. O ódio é sempre direcionado a algo ou alguém, embora esse algo ou alguém não necessariamente preexista ao ódio.

O que está em jogo na *Retórica* de Aristóteles, no entanto, é o ódio ao traidor ou ao ladrão, não ao judeu, ao muçulmano, ao negro, ao homossexual ou às mulheres. No entanto, uma análise mais atenta dos ódios modernos revela – penso – que eles são todos, sob a superfície, uma ideia extremamente insustentável de um nexo entre uma determinada identidade de grupo e o que se considera um mal moral.

Uma pessoa jamais odeia o outro "porque ele é negro": alguém odeia esse outro porque associa ser negro a uma ameaça. Além disso, se alguém odeia todos os muçulmanos ou judeus como tal, pode realmente não interessar se o objeto de seu ódio é homem ou mulher, criança ou adulto, brilhante ou estúpido, compatriota ou estrangeiro, porque cada um deles é uma instância desse tipo ou "raça" para o qual o ódio é direcionado. O que temos aqui é a imagem projetada de uma ameaça essencial. Neste sentido, temos os fomentadores do ódio, que fazem todo o possível para cultivar uma *norma* de segunda ordem, segundo a qual o que os membros do grupo externo real e individualmente sentem e pensam não deve importar, que ser suscetível aos pensamentos e sentimentos das pessoas visadas é um sinal de fraqueza. Recorde-se de como os propagandistas do genocídio em Ruanda o colocaram no oitavo dos chamados "Dez Mandamentos do Bahutu": "O Bahutu deve deixar de ter piedade dos Batutsi". Considere, por exemplo, o imaginário que os nazistas tinham dos judeus: uma ameaça existencial para um suposto "nós", a imagem de uma criatura monstruosa cheia de malevolência e ódio. Mais especificamente, incitações públicas de ódio contra grupos inteiros fornecem evidências de como o cultivo público e coletivo do ódio geralmente se desenvolve. Ahmed (2001, p. 346) sintetiza esta experiência coletiva do ódio do seguinte modo: "Juntos odiamos e esse ódio é o que nos une".

2.2. Discurso de ódio e crimes de ódio

Existem crimes motivados por ódios *genuínos* que nunca seriam processados como crimes de ódio, e o termo "crime de ódio" pode abranger formas de preconceito que nunca se qualificariam como odiosas em qualquer uso convencional do termo. No entanto, a ambiguidade do termo "ódio" é apenas uma entre várias causas de confusão sobre o significado dos "crimes de ódio".

Definir isso é extremamente difícil (Hall, 2013, p. 1) e se parece com entrar em um labirinto conceitual. As definições são abundantes e o consenso parece improvável, e, até certo ponto, indesejável. No entanto, é possível reconstruir uma estrutura conceitual mais básica que pode nos ajudar a delimitar um "crime de ódio" e pensar mais claramente sobre definições específicas dele, incluindo sua estrutura subjacente e possíveis variações. Consideremos que as definições de crime de ódio caracteristicamente apresentem quatro elementos que, considerados em conjunto, explicam o conceito de crime de ódio. Mais precisamente, concepções concretas de crime de ódio podem ser vistas e analisadas como combinações específicas de diferentes interpretações. Vejamos algumas:

A primeira é bastante simples: num primeiro momento, se não houver crime não haverá crime de ódio, mas as concepções diferem em relação à variedade de crimes elegíveis ao *status* de crime de ódio. Em muitas jurisdições, qualquer ofensa sob o direito penal é um *potencial* crime de ódio, mas geralmente se assume que estamos no âmbito do direito penal nacional. Num segundo plano, qualquer concepção de crime de ódio envolve alguma determinação do que distingue esse tipo de crime. Há um consenso geral de que a prova do crime de ódio está na resposta à pergunta *por que o crime foi cometido?*, mas concepções distintas favorecem definições diferentes do motivo assinalado. Alguns enfatizam *preconceito* ou ódio, outros *preconceito* ou *discriminação*. Uma ênfase neste último tende a facilitar a condenação, pois estabelecer que a vítima foi escolhida por causa de sua identidade é mais fácil do que provar que o agressor foi motivado pelo ódio ou que a ofensa foi uma representação de ódio. No entanto, os riscos também podem estar relacionados à inclusão do crime de ódio na perspectiva da antidiscriminação. Por exemplo, em um caso de assassinato, podemos menosprezar a ofensa básica, e isso pode ser tão equivocado quanto negligenciar a motivação tendenciosa: assassinato é assassinato, cometido ou não com um motivo discriminatório. Ao mesmo tempo, o elemento socialmente incorporado de “ódio” altera claramente, às vezes de maneira dramática, o significado cívico e político da situação em que é representado. O que poderia ter sido um caso isolado e interpessoal pode ser o impulso de uma mensagem para grupos inteiros.

Em terceiro lugar, qualquer concepção de crime de ódio implica uma posição na relação necessária entre o ódio e o crime. Definições específicas podem exigir prova de *causalidade* relacionada à motivação (ou seja, que o crime tenha sido motivado por preconceito ou discriminação) ou, alternativamente, uma demonstração de hostilidade baseada em identidade *antes*, *durante* ou *após* a prática do crime. Quando é necessário prova de causalidade, também é necessário decidir se o crime deve ter sido motivado no todo ou apenas em parte pelo ódio. Em último lugar, as concepções de crime de ódio implicam uma especificação de uma lista das chamadas características protegidas, como "raça" ou "orientação sexual". Em outras palavras, o "ódio" nos crimes de ódio deve ser compreendido como direcionado para categorias de *identidade de grupo* (que as instituições consideram dignas de proteção). É nesse sentido que o crime de ódio transcende o contexto dos indivíduos diretamente envolvidos. Para homofóbicos, assim como para racistas e sexistas,[1] os crimes acontecem entre "nós" e "eles", ao invés de ser apenas entre "eu" e "você". Isto não diz

1 Todos os Estados da Europa Ocidental têm proibições de discursos de ódio. Todos eles penalizam certas formas de expressão consideradas como promotoras do racismo, da intolerância religiosa, da homofobia, do sexismo, da negação do Holocausto ou outras ideias consideradas indevidamente provocativas ou ofensivas.

qual é a melhor interpretação em um contexto específico, mas facilita a distinção entre aspectos constitutivos e contingentes do crime de ódio e fornece a base para delimitações de discussões sobre seu escopo. Nessa perspectiva, a história do fascismo, colonialismo, racismo, sexismo, homofobia e outras formas de intolerância é horrível demais para ser negligenciada, apenas porque algumas normas podem se mostrar incertas em suas aplicações.

Um aspecto importante para o entendimento do discurso de ódio e dos crimes de ódio é o que compreendemos por extremismo. Note-se que as palavras *extremo* e *extremismo* são geralmente utilizadas quase como sinônimas das palavras *radical* e *radicalismo*, mesmo que suas raízes etimológicas sejam um pouco diferentes. A palavra *radical* na verdade significa *raiz* ou *na raiz de*, enquanto a palavra *extremo* marca o ponto mais distante a que possamos nos referir. Neste caso, as palavras possuem significados opostos. Todavia, o termo *radical* assumiu, em seguida, o significado de exceção ou uma significativa mudança de direção – como em: "a pessoa fez algo em circunstâncias radicais" ou, ainda, "isso é radicalmente diferente daquilo" – e agora as palavras extremo e radical estão se sobrepondo. Assim, de acordo com o *Oxford English Dictionary*, *radical*, entre outras coisas, significa "representar ou apoiar a visão extrema de um partido" em oposição à parte moderada. E extremo significa "mais longe do centro", "o excepcional" ou "pessoas ou opiniões distantes das moderadas", como se pode notar no seguinte exemplo:

"grupos de partidários mais extremistas protestaram em frente à Câmara dos Deputados". É nesse sentido que a palavra extremismo entrou no vocabulário da política e da ciência política – como as mais afastadas do centro, com tendência a se revoltar. Já a palavra *radicalização* denota então o caminho percorrido em direção ao *extremo*.

Compreender este ponto é importante porque geralmente associamos crimes de ódio com extremismo, principalmente porque a atividade política e estabilidade social está definitivamente em jogo quando os crimes de ódio e o extremismo estão ligados e porque tem como finalidade extrema atividades violentas e antidemocráticas que ameaçam a ordem pública. Por outro lado, há quem pense que os criminosos de ódio não são principalmente fanáticos motivados pelo ódio ou extremistas de motivação política, mas fundamentalmente pessoas (na maioria jovens) que ofendem no contexto de sua vida cotidiana. E, na verdade, a principal coisa que parece verdadeira, de acordo com esta interpretação, para os criminosos de ódio, é que eles não têm muito em comum além dessa característica. Assim, os crimes de ódio não parecem fazer parte de nenhum projeto político para alterar a sociedade por meios violentos e não democráticos.

Depois deste percurso podemos dizer, ao final, que um *crime de ódio* é um crime em que a vítima individual foi escolhida por causa de sua identidade de grupo e, normalmente, os criminosos de ódio não têm relação pessoal com suas vítimas. Da mesma forma, o *discurso de ódio* – diferentemente dos casos comuns de difamação – não é precisamente sobre ou relativo a um indivíduo. O *discurso de ódio* é uma manifestação intencionalmente depreciativa de outras pessoas com base em raça, gênero, orientação sexual, origem étnica, religião ou outras características de grupo.

2.3. Referências

AHMED, Sara. "The Organisation of Hate". *Law and Critique*, 12 (4): 345-365, 2001.

DARWIN, Charles. *The Expression of the Emotions in Man and Animals.* Cambridge: Cambridge University Press, 2013 [1872].

HALL, Nathan. *Hate Crime*. Oxford: Routledge, 2013.

HOROWITZ, Donald. *The Deadly Ethnic Riot.* Berkeley: University of California Press, 2001.

MILLER, William I. "Hatred". *In*: SANDER, David; SCHERER, Klaus R. (eds). *The Oxford Companion to Emotion and the Affective Sciences.* Oxford: Oxford University Press, 2003.

SEMELIN, Jacques. *To Purify and Destroy: The Political Uses of Massacre and Genocide.* Nova Iorque: Columbia University Press, 2007.

STRAWSON, Peter F. "Freedom and Resentment". *Freedom and Resentment and Other Essays.* Londres: Methuen, 1974.

3. Que coisa é a tortura?

"Frágil diante da violência, gritando de dor, sem ajuda, sem resistência, a pessoa torturada é apenas um corpo, e nada além disso."

AMÉRY, 1980, p. 33

3.1. Sobre a tortura

"Na maioria dos países ocidentais, a tortura no que diz respeito à instituição e ao método foi abolida no final do século XVIII. No entanto, hoje, dois séculos depois, homens e mulheres ainda afirmam ter sido torturados e ninguém pode dizer quantos são."

AMÉRY, 1980, p. 22

Após 11 de setembro de 2001, a discussão sobre o uso da tortura não era mais um tabu, mas um tópico discutido abertamente. A possível legitimidade da tortura passou do indizível para o reino da palavra – uma profunda mudança no discurso, uma mudança no contexto cultural que transcende as mudanças manifestas no nível das declarações públicas. Em 5 de novembro de 2001, a revista *Newsweek* publicou um artigo de Jonathan Alter defendendo publicamente a tortura como forma de combater o terrorismo.[1] Dentro da estrutura apocalíptica criada pelos ataques terroristas de 11 de setembro, o chamado *cenário da bomba-relógio*, discutido até o momento principalmente em seminários sobre filosofia prática, passou a ocupar lugar de destaque nos debates políticos.

Mesmo no meio acadêmico o cenário da bomba-relógio tem sido usado como argumento para justificar o uso ou mesmo para defender a institucionalização da tortura. O debate tem sido desenvolvido não exclusivamente por parte de conservadores, mas também pelos chamados liberais democráticos. Esses pensadores liberais, que eram bastante contrários à tortura, dificilmente poderiam descartar as objeções à alegação de que seria necessário eliminar a proibição da tortura. O historiador, ensaísta e político liberal Michael Ignatieff, que também foi líder da oposição no parlamento canadense, argumentou em seu livro *Lesser Evils* (2004) e em um artigo com o mesmo nome no *New York Times* (02/05/2004) a favor de um debate aberto sobre o possível uso da tortura. Mesmo os contrários à prática da tortura, como Ignatieff, admitiram prontamente que a proibição da tortura tem um preço e, portanto, deve estar sujeita a consideração. Do ponto de vista sociocultural, isso significa que a questão da tortura foi transferida da

---

1 ALTER, Jonathan. "Time to Think about Torture: It's a New World, and Survival May well Require Old Techniques that Seemed out of the Question". *Newsweek*, 5 nov. 2001.

esfera sagrada da sociedade, seus valores, para o mundo dos profanos. De repente, a dignidade humana de terroristas torturados era discutível e questionável. Ignatieff postula o que chama de *mal menor*; e é nesse sentido que afirma: "ou aceitamos combater o mal com o mal, ou estamos destinados a sucumbir" (2006, p. 46).

Para Ignatieff, a democracia liberal é muito mais ampla que a ideia de maioria, sua característica mais básica, mais ampla do que os freios e contrapesos, que são parte essencial dela. Junto com esses recursos, há outro elemento central: a ideia de direitos. Os direitos atuam como uma restrição às demandas do bem geral: há algumas coisas que, em uma democracia, o poder executivo não deve fazer às pessoas, mesmo que isso presumivelmente aumente o bem-estar da maioria. Os direitos protegem cada indivíduo de certos tipos de danos e restrições, independentemente das consequências dessa proteção. Além disso, os direitos não devem ser interpretados apenas como um dispositivo útil para garantir que o poder executivo não pratique abusos, o papel deles é muito mais eticamente significativo do que isso. Os direitos são fundamentalmente uma expressão da profunda convicção democrática liberal de que cada indivíduo importa intrinsecamente, é intrinsecamente digno de respeito, não deve ser usado apenas como uma engrenagem na roda da produção do bem para os outros, mesmo que os outros sejam a maioria. Mas, segundo Ignatieff, diante de uma ameaça terrorista, esses direitos podem ser violados ou revogados para que a segurança da maioria seja preservada. Nosso direito à liberdade de expressão, às vezes nosso direito à liberdade de movimento, pode ter que ser limitado e restringido como parte do esforço para impedir ataques terroristas e, assim, proteger nossa segurança. Neste sentido, o que é mais importante, segurança ou direitos?

A resposta de Ignatieff é encontrar um meio-termo: nem os direitos nem a segurança, ele pensa, são sempre os mais importantes e podem sempre agir como trunfos. A violação de direitos é sempre moralmente errada, a seu ver, mas, às vezes, é necessário preservar a democracia contra aqueles que a derrubariam. Se for necessário, devemos fazê-lo, mas, ainda assim, permanece algo errado em tais decisões, e devemos proteger a política de violação temporária de direitos com restrições e limitações – ele enfatiza particularmente a necessidade de uma revisão contínua de tais decisões ou medidas –, para impedir-nos de perder totalmente a noção do que estamos tentando defender. Esse é o "mal menor" que ele vê como uma alternativa aos dois males maiores que, em sua opinião, nos ameaçam quando reagimos a ataques terroristas. Um desses males maiores decorre da adoção de uma visão puramente consequencialista da defesa contra o terrorismo, na qual qualquer ação que proteja a sociedade democrática deve ser adotada, independentemente dos direitos que ela viole, uma vez que a preservação das democracias garantirá a melhor proteção aos direitos. Ignatieff argumenta de maneira bastante plausível que, dados alguns fatos conhecidos e pessimistas sobre a natureza humana, essa visão rapidamente levará à destruição do respeito pelos direitos e pela dignidade humana. O outro mal maior que ele discerne resulta do que ele chama de perfeccionismo – a visão de que os direitos devem agir como restrições absolutas à ação, para que nunca sejamos justificados em violá-los. O perfeccionista acredita que qualquer falha em respeitar os direitos, particularmente no nível da política, é moralmente inaceitável e provavelmente nos levará a uma ladeira escorregadia para uma tirania desenfreada.

A contribuição que tornou-se um ponto de referência no debate sobre a tortura, no entanto, foi a do jurista liberal Alan Dershowitz (2002), que defende abertamente a institucionalização da tortura. Dershowitz reconhece a presença da prática da tortura nas democracias contemporâneas e no Estado de Direito, e procura circunscrevê-la à autorização judiciária, à garantia legal. Ao utilizar o cenário da bomba-relógio, Dershowitz procurou estabelecer a indispensabilidade da tortura como uma ferramenta na luta contra o terror. Neste sentido, defendia fortemente a legalização da tortura, a fim de mantê-la sob controle legal. Em seu livro *Should the Ticking Bomb Terrorist Be Tortured?* (2002, p. 131-163), quatro artifícios podem ser identificados, e, com eles, tenta convencer seus leitores. Primeiro: Dershowitz usa casos hipotéticos que têm a estrutura narrativa do cenário da bomba-relógio; por um lado enfatiza a urgência e a irrefutabilidade da questão da tortura, mas, por outro lado, a traduz em um cálculo econômico. Segundo: Dershowitz também se refere a casos reais de suposta tortura bem-sucedida (2002, p. 137). Isso é necessário para convencer seus leitores de que a tortura funciona, se não em todos os casos, pelo menos em alguns. Terceiro: ele desenha um quadro clínico de tortura. Por exemplo, sugere colocar agulhas esterilizadas sob as unhas dos terroristas (2002, p. 144). Ao fazer isso, ele trabalha contra um imaginário social que associa algo muito pior à palavra "tortura", como mutilações, estupros e execuções simuladas. Esse quadro ajustado da tortura reduz o preço subjetivo a ser pago por sua institucionalização. Em Dershowitz, além do cenário já conhecido das bombas e da trivialização clínica da tortura, outras técnicas de contar histórias também são usadas. Assim, ele tece em seu argumento uma narrativa autobiográfica (quarto aspecto), que retrata o jovem autor como um oponente à tortura (2002, p. 139-142), mas um confronto com a realidade do terrorismo em Israel acabou levando-o a tornar-se um defensor da tortura. O leitor já se identifica com o protagonista e autor com base na estrutura narrativa e também é submetido ao mesmo processo de conversão. Essa forma narrativa, também conhecida no romance educacional, é compreendida como particularmente adequada para a transmissão de conteúdo ideológico. Não é por acaso que a imaginação literária e o raciocínio científico costumam andar de mãos dadas. Ambos se alimentam do imaginário individual e social. Portanto, não surpreende que o 11 de setembro, entre outras coisas, tenha tido um impacto no retrato da tortura na cultura popular americana e, a partir daí, em discursos acadêmicos e, especialmente, jurídicos. Refiro-me ao 11 de setembro de 2001 porque entendo que a cultura popular transformou-o em um símbolo de ruptura cultural, principalmente, mas de maneira alguma exclusivamente nos Estados Unidos.

Em resposta, Ignatieff diz que as ideias de Dershowitz sugerem que é possível trazer o Estado de Direito para a sala de interrogatório, mas como exercício do mal menor, é provável que leve ao mal maior. Uma vez que se permita garantias para casos genuínos de "bomba-relógio" – situações em que a tortura pode impedir que uma calamidade iminente ocorra –, pouco a pouco, a tortura poderá ser usada quando não houver perigo imediato. Além disso, nunca houve certeza de que as informações extraídas pela tortura são mais confiáveis do que as informações extraídas de um suspeito por meios persuasivos. Por que devemos supor que a dor produz verdade? E como podemos esquecer o que todo mundo que já foi torturado sempre nos diz: aqueles que são torturados ficam torturados para sempre. Se você deseja criar terroristas, a tortura é uma maneira bastante certa de fazê-lo. Ignatieff diz mais: a tese de Dershowitz de legitimar práticas de tortura quando sejam embasadas em um mandado judicial, permitiria/permitirá aos interrogadores uma desculpa que justificaria sua ação. A tortura foi totalmente proibida, mas os interrogadores acusados de tortura poderão apresentar evidências de que estariam tentando salvar vidas, e com isso postular penas reduzidas por violar as regras. Uma proibição total da tortura, em vez de uma tentativa de regulamentá-la, parece a única maneira pela qual uma democracia pode se manter fiel ao seu ideal de respeitar a dignidade até de seus inimigos. Pois é isso que o Estado de Direito exige de cada um: que mostremos respeito até mesmo àqueles que não demonstram respeito por nós. Ignatieff, portanto, conclui que é necessária uma proibição absoluta e incondicional da tortura e "daquelas formas de interrogatório coercitivo que envolvem estresse e coação" (2005, p. 24).

Um excelente exemplo da influência cultural popular do 11 de setembro é, obviamente, a série *24 horas* (2001-2014), que usou o cenário das bombas como um mecanismo dramatúrgico. Outras séries e filmes, bem como o discurso público, contribuíram para que o mito do terrorista e da bomba nos EUA se tornassem partes integrantes do imaginário social; nesse sentido, é importante destacar que sua discussão tornou-se popular após 11 de setembro de 2001. Isso ocorre porque carrega consigo o pressuposto de que um terrorista *deve* primeiro ser torturado pelo herói antes que a bomba possa ser desativada, porque o local exato da bomba é desconhecido e não pode ser determinado por outros meios. Assim, apenas atormentar o vilão parece poder impedir um apocalipse iminente. Neste sentido, o torturador como "salvador" tornou-se parte integrante da cultura popular americana após 11 de setembro, com especial destaque para a figura de Jack Bauer da série *24 horas*. Jack Bauer é o agente providencial, que sacrifica a si mesmo em meio a cenas eletrizantes e frenéticas (cada hora, minuto e segundo pode ser acompanhado em tempo real) para alcançar a salvação da humanidade inteira. Ele encarna a figura do bem contra o mal.

O torturador heroico também pode ser interpretado como uma manifestação específica do herói violador da lei, amplamente utilizado na cultura popular americana. Nos Estados Unidos, as figuras do *vigilante* e do *justiceiro* desempenham um papel importante no imaginário social, principalmente nos inúmeros filmes de ação ocidentais e de Hollywood, nos quais o herói se vinga por conta própria de seus oponentes. Os antecedentes culturais dos Estados Unidos já continham representações do herói infrator da lei, portanto, sua aplicação à questão da tortura após o 11 de setembro parecia óbvia. Paradigmaticamente, conhecemos a figura do policial Callahan em *Dirty Harry* (filme de 1971) como o "herói que desafia a lei". Na primeira parte de *Dirty Harry*, há uma cena de tortura em que o simpático Callahan bate sem cerimônia no antagonista sádico e psicopata para descobrir o paradeiro de uma jovem sequestrada. Infelizmente, em vão – o antagonista só pode lhe mostrar o caminho para o cadáver da garota. O retrato visual e dramático de cada personagem é de grande importância para a narrativa, a avaliação moral do enredo e a resposta emocional do público. Assim, dado o uso físico de Callahan, o espectador não pode sentir nada além de satisfação – a compaixão pelo antagonista psicopata é quase impossível.

3.2. Considerações sobre a tortura

A tortura é um assunto impressionantemente atual. Até alguns anos atrás, sua condenação, pelo menos em palavras, parecia unânime. Isto não impediu a tortura de contornar e evitar a proibição, compartilhada a ponto de ser assumida quase categoricamente, tentando clandestinamente escapar dos bastidores. Mas a unanimidade na condenação da tortura já não parece mais tão unânime. Os novos adeptos da tortura, em quase todos os lugares, foram expostos. Nos Estados Unidos, eles começaram um debate. Uma exceção não seria desejável? Não seria útil um apelo ponderado, limitado, talvez até legalizado, à tortura? A "guerra ao terror" parecia exigir isso. Os esforços estão se multiplicando para oferecer legitimidade a uma prática nunca abandonada. Os paladinos inveterados, ditadores e autocratas, déspotas e demagogos, que continuaram a governar nos quatro cantos do mundo, deleitam-se com a brecha repentina e se alegram com a lacuna inesperada na democracia. As opiniões públicas vacilam incertas e hesitantes, como se a recusa instintiva não fosse mais suficiente. A proibição da tortura acaba sendo acusada de utopismo vazio, inadequado à ordem global, que é dominada pela ameaça do terror. A democracia deve, portanto, ser protegida da autorização da tortura, ou seja, que se recorra ao terror com o propósito de combatê-lo. É por isso que a questão da tortura é o divisor de águas que separa duas leituras alternativas da história atual. É nesse sentido que as práticas de interrogatório de muitos aparelhos estatais democráticos e não democráticos no mundo tornam-se cada vez mais objeto de mídia e de crítica apropriada. Isso também mostrou efeito no campo científico, deixando evidente que a tortura pode ser tratada de maneiras muito diferentes.

Mais diretamente do que outras práticas de violência, a tortura está ligada à vulnerabilidade do ser humano, à vulnerabilidade de seu corpo, sua alma, sua dignidade inalienável, ambas abrangentes. A tortura é uma forma de violência proibida pela Convenção da ONU por meio de um tratado que é obrigatório e de acordo com o direito internacional. A Convenção foi adotada em dezembro de 1984, após vários anos de negociações, entrando em vigor em junho de 1987, e está configurada do mesmo modo até os dias atuais.

A prática contínua da tortura, apesar do respeito internacional e da convenção de direitos humanos, levou ao constante questionamento do que acontece na tortura e qual é a sua função. Como é difícil falar sobre tortura como uma pessoa que não tenha sido torturada, ainda mais do ponto de vista analítico que se aproxima dessa experiência agonizante; as ciências sociais e a filosofia não deixam de lado essa tarefa. Referências à realidade, difíceis de encontrar em outros lugares, também devem ser tentadas por estudiosos críticos, tendo também em mente a miséria sempre permissível que pode ser particularmente dolorosa para aqueles que são afetados fisicamente por essa realidade. Na tortura, a pessoa torturada é sistematicamente privada de sua subjetividade, no sentido de capacidade. Do ponto de vista dos torturadores, essa impotência parece ser o poder da vítima de confessar ou sofrer. Na tortura, o absoluto de violência pessoal e estatal atinge um pico insuperável. O torturador não está sozinho no poder de aniquilar sua vítima, mas também para aumentar incessantemente sua agonia e prolongar artificialmente sua vida. O homem torturado ocupa uma brecha na fronteira entre a vida e a morte, em um inferno de dores, das quais somente o torturador pode "resgatá-lo". Deste modo, a "autodivinização" do agressor encontra seu equivalente no "sentimento de total dependência" por parte da vítima da tortura.

O termo "tortura" significa qualquer ato pelo qual dor ou sofrimento grave, seja físico ou mental, é intencionalmente infligido a uma pessoa com a finalidade de obter de alguém alguma informação de uma terceira pessoa ou alguma confissão, punindo-a por um ato que ela ou uma terceira pessoa cometeu ou é suspeita de ter cometido, intimidando ou coagindo-a ou uma terceira pessoa, ou por qualquer motivo baseado em discriminação de qualquer tipo, quando tal dor ou sofrimento é infligido, por instigação, com o consentimento ou aquiescência de um funcionário público, ou outra pessoa agindo em decorrência de uma função oficial. Não inclui dor ou sofrimento resultantes apenas de inerentes ou incidentais sanções legais. Deste modo, muitas pessoas sustentam que a tortura é uma ferramenta necessária utilizada por agentes da lei em todo o mundo com um objetivo abrangente: obter informações sobre atos criminosos. Por exemplo, no caso de Abu Ghraib, os prisioneiros alojados nesta instalação foram torturados por soldados e agentes federais para extrair informações sobre terrorismo.

A definição refere-se particularmente à imposição intencional de dor severa. Ela desenha uma linha entre alguns elementos objetivos e outros elementos subjetivos. Essa definição, que é característica de seu padrão substantivo, abrange duas dimensões. Em primeiro lugar, a definição limita sua aplicabilidade de várias maneiras: 1) a tortura não pode ser cometida por omissão, pois a definição é limitada a um "ato"; 2) o torturador deve ser um funcionário público; 3) a vítima da tortura deve ser um ser humano; 4) a subjetividade do torturador deve ser intencional. Em segundo lugar, a definição tem algumas lacunas explícitas que a deixam em aberto. Não se limita apenas aos quatro propósitos enumerados no ponto 1 da *Convention against Torture and other Cruel, Inhuman or Degrading Treatment of Punishment*, nomeadamente: obter informação, obter confissões, punir e intimidar ou coagir. Embora alguns digam que a definição fornecida pela *Convenção* fornece mais perguntas do que respostas, esta definição é clara o suficiente para nos ajudar a entender o que tortura é em geral. Neste texto, a palavra "tortura" é usada como termo genérico quando uma definição mais precisa não for necessária.

O que me parece adequado afirmar é o seguinte: a democracia não previne ou impede a tortura. Isto se deve ao fato de a tortura não ser dependente exclusivamente de uma forma política específica. Devido à sua flexibilidade, conseguiu ser preservada no complexo cenário democrático e, pode-se dizer que a democratização da tortura e sua persistência expõem aquele vazio que, embora dissimulado, está presente no centro das práticas democráticas.

3.3. O cenário da bomba-relógio

Como as leis internacionais proíbem totalmente a tortura, parece que ela é uma espécie de barbárie e não deveria ter lugar em uma sociedade civilizada. Dershowitz reconhece que a tortura tem estado fora da agenda do discurso civilizado por tantos séculos, que é um assunto reservado em grande parte para os historiadores e não para os moralistas contemporâneos. Acredita, no entanto, que os eventos de 11 de setembro de 2001 reviveram a antiga discussão sobre a possível justificativa para a tortura, especialmente sob circunstâncias excepcionais, como descrito no cenário da bomba-relógio. Suspeita-se, neste cenário, que alguém tenha plantado uma bomba-relógio ou conheça informações sobre ela, que matará muitas vidas inocentes caso não seja desativada. O cenário da bomba-relógio tem muitas versões, tendo sido introduzido pela primeira vez no romance de 1960 de Jean Larteguy, *Les Centurions*, como uma teoria de hipóteses, que foi construída com base nas seguintes condições:

1. Os elementos que sustentam a alegação de que o suspeito possui as informações relevantes satisfariam as exigências de provas para condená-lo por um delito.
2. Existem motivos razoáveis para acreditar que o suspeito é capaz de dizer a verdade se houver ameaça de tortura e, se necessário, esta seja aplicada.
3. Existem motivos razoáveis para acreditar que nenhum outro meio teria o efeito de obrigá-lo a dizer a verdade.
4. Há motivos para acreditar que, se a informação for obtida rapidamente, há uma boa chance de desarmar a bomba antes que ela exploda.
5. Existem motivos razoáveis para acreditar que o provável dano causado pela bomba incluirá a morte de muitos cidadãos e a mutilação de outros, incluindo a imposição de dor muito mais severa a outros com efeito muito mais duradouro do que a efeito da imposição de tortura à pessoa que foi capturada.
6. Existem motivos razoáveis para acreditar que a tortura não terá consequências que seriam piores do que os danos que poderiam resultar da explosão da bomba.

O exemplo da bomba-relógio é frequentemente usado para justificar o uso de tortura, enquanto seus termos podem ser tomados tanto como a definição de barreiras suficientemente fortes contra a justificação de qualquer tortura real ou, alternativamente, como a abertura de portas para a tortura em outros casos.

Considerando as graves consequências produzidas com os eventos de 11 de setembro de 2001, causando milhares de mortes em minutos, presumivelmente muitos defendem que a tortura deve ser permitida no caso da bomba-relógio. No entanto, podemos ainda perguntar: por quê? Mesmo que haja uma intuição quase universal de que a tortura pareça ser permissível nesse caso, o que poderia ter a ver com questões mais gerais quanto à permissão da tortura? Antes de examinar as questões morais e demais questões que envolvem a bomba-relógio, três teorias sobre a tortura serão apresentadas, cada uma delas com grande impacto no desenvolvimento da teoria da tortura.

O debate sobre a natureza moral e legal da proibição da tortura tem sido travado em duas linhas, a saber, dois modelos.

3.4. Uma proibição absoluta da tortura?

Há quem defenda que uma proibição incondicional da tortura deve ser aplicada sem exceção, independentemente das circunstâncias. As razões para apoiar uma proibição absoluta da tortura podem ser divididas em dois níveis. Em primeiro lugar, na visão absolutista da moralidade, a tortura é intrinsecamente errada: a tortura viola a integridade física e mental da pessoa a ela sujeita, nega sua autonomia e a priva da dignidade humana. Ela a reduz a um mero objeto, um corpo do qual a informação deve ser extraída, coage-a a agir de uma maneira que pode ser contrária às suas crenças, valores e interesses mais fundamentais, privando-a de qualquer escolha. De um modo geral, os absolutistas poderiam dizer que a tortura é absolutamente proibida porque os direitos são invioláveis. Não podemos violar alguns direitos, mesmo que tal violação tenda a produzir menos violações gerais de direitos. Além disso, a tortura é um mal que nunca pode ser justificado ou desculpado. Em nenhuma circunstância o recurso à tortura deve ser moralmente aceitável ou legalmente permissível. E a ilicitude da tortura e possíveis consequências consideradas boas são incomensuráveis. Eles não podem ser medidos e, portanto, não podem ser comparados ou balanceados uns contra os outros. Em segundo lugar, do ponto de vista da legalidade, o tratamento humano de todos os detidos é indiscutivelmente exigido pelas leis internacionais, sejam elas o direito internacional humanitário ou os tratados internacionais de direitos humanos.

3.5. Uma proibição circunstancial da tortura?

Aqueles que apreciam as teses de Dershowitz alegam que o uso da tortura pode ser justificado em certas circunstâncias excepcionais, rejeitando argumentos em apoio à proibição absoluta da tortura. A teoria do "Mandado de Tortura" baseia-se em duas hipóteses: primeiro, ela defende que há circunstâncias nas quais técnicas de interrogatório que resultam em tortura podem ser usadas. Sob tais circunstâncias, o uso da tortura seria considerado moralmente aceitável e legalmente justificado. Segundo, deve-se controlar e limitar o uso de tortura por meio de um *mandado* ou algum outro mecanismo de prestação de contas, como pré-requisito para torturar suspeitos de terrorismo em interrogatórios. Aqueles que apoiam a proibição condicional são consequencialistas, comparando custos e benefícios caso a caso. O raciocínio indica que a tortura de uma pessoa pode ser justificada quando é necessário salvar a vida de muitas pessoas inocentes que, de outra forma, teriam uma morte certa. Como Dershowitz afirma, a simples análise de custo-benefício para empregar tal tortura não letal parece esmagadora: seria certamente melhor infligir dor não letal a um terrorista culpado que está retendo ilegalmente a informação necessária para prevenir um ato de terrorismo do que permitir que um grande número de vítimas inocentes morram. Nesses casos, a dor é menor e mais remediável que a morte, e a vida de mil pessoas inocentes deve ser mais valorizada do que a integridade corporal de um culpado.

Gross (2004) sustenta a opinião de que o debate sobre a natureza moral e legal da proibição da tortura seguiu as linhas falhas que separam absolutistas e consequencialistas. Ele defende uma proibição absoluta da tortura enquanto, ao mesmo tempo, argumenta que certas circunstâncias extremas não devem ser descartadas como hipotéticas, moral ou juridicamente irrelevantes. Defende, ainda, que os argumentos absolutistas não são suficientes para estabelecer a proibição absoluta da tortura, além de necessitar de acréscimo por razões pragmáticas ou instrumentais. Ele lista alguns argumentos instrumentais em apoio a uma proibição absoluta da tortura:

1. Definindo uma política geral, acomodando casos excepcionais: projetar regras gerais e políticas é diferente de ignorar casos completa e verdadeiramente catastróficos que não devem ser construídos em torno de casos excepcionais.
2. Simbolismo, mitos e educação: uma proibição jurídica categórica da tortura é desejável para defender o simbolismo da dignidade humana e a inviolabilidade do corpo humano. E há um valor independente em defender o mito de que existe um banimento absoluto, notando que os direitos e valores fundamentais não são abandonados, quaisquer que sejam as circunstâncias e que os gritos de segurança nacional, emergência e catástrofe não superam as liberdades fundamentais. Além disso, a condenação moral, política, social e legal à tortura é, por sua vez, direcionada tanto para o eleitorado interno quanto para o exterior.

3. Estratégia de resistência: se o governo precisa de pressa para práticas de tortura, a posição absolutista restringe o uso da tortura, uma vez que impõe inibições morais aos funcionários do governo.
4. O desequilíbrio de balanceamento: no contexto da tortura preventiva de interrogatório, qualquer ato de equilíbrio será factualmente difícil de ser conduzido e sujeito a vieses inerentes que resultariam em mais, em vez de menos, tortura.
5. Ladeiras escorregadias: como os indivíduos são do tipo que tendem a se envolver em atos de tortura interrogativa, permitir o uso de tortura preventiva em casos excepcionais pode resultar em abuso de tortura, o que tornará a moralidade escorregadia.
6. Identidade dos sujeitos à tortura.

Embora possamos alcançar alguns supostos benefícios derivados da prática da tortura, como a segurança do Estado, o governo pode impor um custo excessivo ao grupo de pessoas que estão ligadas à tortura, incluindo suspeitos e suas famílias ou outras pessoas correlatas.

3.6. A tortura em destaque

Para fazer uma análise geral dos modelos apontados, o foco do debate e seus argumentos serão generalizados para efeitos de compreensão.

1. *O tempo de explosão da bomba é uma hipótese ou uma ameaça na vida real?*

Como mencionado acima, a bomba-relógio é uma hipótese e não um evento inicialmente real. Há duas concepções totalmente controversas sobre a natureza do cenário da bomba-relógio. A primeira é que a bomba-relógio não é apenas uma hipótese, mas eventos reais, que de fato aconteceram nas Filipinas (em 1995 as autoridades filipinas torturaram um terrorista para que este revelasse informações que poderiam frustrar conspirações para assassinar o Papa e impedisse a derrubada de onze aviões comerciais que transportavam aproximadamente quatro mil passageiros no Oceano Pacífico, bem como um plano para transportar um Cessna particular cheio de explosivos para a sede da CIA. Por 67 dias, agentes da inteligência espancaram o suspeito), em Israel, na Alemanha, na Espanha e nos Estados Unidos. A outra é que o cenário da bomba-relógio é apenas uma hipótese e trapaccia o caminho em torno dessas dificuldades, estipulando que a bomba esteja em algum lugar, acionada, e que uma autoridade sabe disso e sabe, ainda, que detiveram a pessoa que plantou a bomba. Tais hipóteses levantam muitas questões:

1. Até que ponto temos certeza de que existe uma bomba?
2. Até que ponto temos a certeza de que o suspeito conhece a localização da bomba?
3. Como poderíamos obter as informações de um presumível terrorista? Torturá-lo? Por quanto tempo? Por semanas? Por meses? Qual a probabilidade de se obter informações torturando-o?
4. Poderíamos tomar a decisão de tortura apenas calculando os números? Salvar uma centena de vidas inocentes é suficiente para torturar alguém?
5. Como encontramos quem conhece a informação escondida em um grupo de pessoas? Torturamos todos eles?

Embora a hipótese estabeleça um padrão muito elevado para justificar qualquer tortura real, como dissemos, não podemos negar que existe a possibilidade de coletar informações para encontrar uma bomba escondida para salvar muitas vidas inocentes. No entanto, como as dúvidas que apontamos, não há certeza de que exista uma bomba escondida em algum lugar e a explosão irá resultar em milhares de mortes; exista uma pessoa que sabe o lugar onde está a bomba-relógio; se podemos coletar informações que salvarão milhares de vidas inocentes através da tortura, etc. Onde há tantas dúvidas sobre a realidade da bomba-relógio, há o mesmo número de dúvidas para responder. Portanto, o debate sobre a realidade da bomba-relógio pode ajudar a reflexão, de modo hipotético ou associado a casos concretos. Como seres humanos, não somos frios de coração e não podemos ignorar a mensagem de que há uma bomba-relógio escondida em algum lugar. O que realmente importa, no entanto, é como julgar a realidade da mensagem e se a mensagem é real e em grande escala, se coletamos informações por tortura. Enquanto houver a possibilidade de que uma bomba-relógio possa acontecer, vale a pena dedicar nosso tempo e energia para pensar nisso até pensarmos em algum método eficiente e razoável para resolver os problemas. Não podemos tentar fugir do clássico caso hipotético da bomba-relógio afirmando que é apenas hipotético e que, certamente, jamais acontecerá.

2) A tortura é a única maneira de lidar com a bomba--relógio?

Esta questão envolve a definição de tortura. De acordo com a definição de tortura, a *trapaça* não é um tipo de tortura. Se tivermos o mesmo resultado enganando o detido, não haveria razão para coletar informações por meio de tortura. Então, a forma como coletamos informações é outro problema crítico que temos de enfrentar: quem tem o poder de tomar uma decisão sobre tortura, o interrogador, um juiz ou outra entidade? Como diz Dershowitz, se a tortura ocorrerá de qualquer maneira, parece mais apropriado que ela ocorra acima e não abaixo da tela do radar, para que possamos saber o que está sendo feito em nosso nome. Na medida em que a tortura ocorre, ela deve ocorrer sob supervisão judicial e médica. E isso, acredita ele, minimizará tanto sua ocorrência quanto sua severidade. A justificativa da sentença de tortura é exigir um mandado ou um mandado judicial como precondição para a imposição de qualquer tipo de tortura, sob qualquer circunstância. Em outras palavras, Dershowitz insiste que devemos acomodar nossas leis que regem as práticas de tortura e devemos assumir que quem tenha o poder de tomar uma decisão sobre a tortura seja decidido por lei, não pelo julgamento subjetivo de soldados ou oficiais do governo, o que seria ilegal e errado.

Para efeitos de demonstração de que o cenário da bomba-relógio não se reduz à pura especulação, em janeiro de 2002, Alberto R. Gonzales, conselheiro da Casa Branca, invocou o cenário das bombas para demonstrar a desatualização das Convenções de Genebra:

> A natureza da nova guerra atribui um alto valor a outros fatores, como a capacidade de obter rapidamente informações de terroristas capturados e de seus patrocinadores, a fim de evitar novas atrocidades contra civis americanos [...]. Na minha opinião, esse novo paradigma torna obsoletas as rígidas limitações de Genebra no interrogatório de

> prisioneiros inimigos e torna pitorescas algumas de suas posições. (GONZALEZ, 2002, p. 119)

Gonzalez diz mais: "o presidente, como comandante-chefe das forças armadas, tem autoridade constitucional para ordenar interrogatórios de combatentes inimigos" e pode legalmente ordenar tortura, sem levar em consideração as leis criminais federais ou o direito internacional. Qualquer medida "que interfira no direcionamento do presidente em assuntos centrais de guerra como a detenção e interrogatório de combatentes inimigos seria, portanto, inconstitucional".

Em um memorando de agosto de 2002, escrito por Jay Bybee, procurador-geral assistente encarregado do Gabinete de Assessoria Jurídica do Departamento de Justiça, o cenário da bomba foi explicitamente usado para justificar métodos de interrogatório proporcionais à suposta ameaça terrorista:

> A ameaça de um ataque terrorista iminente ameaça a vida de centenas, senão milhares, de cidadãos americanos. [...] Se um ataque parecer cada vez mais provável, mas nossos serviços de inteligência e forças armadas não puderem impedi-lo sem as informações do interrogatório de um indivíduo específico, maior será a probabilidade de que a conduta em questão seja vista como necessária. (2002b, p. 211)

O raciocínio de Bybee é baseado em um imaginário que torna o cenário da bomba-relógio realista e eficaz na tortura, embora prefira o termo "métodos de interrogatório". Ele redefine a "tortura", limitando-a a "atos extremos", permitindo assim o uso de uma gama significativa de atos que, embora possam constituir tratos ou penas cruéis, desumanos ou degradantes, não parecem, segundo Bybee, atingir o nível de tortura.

Como é sabido, a Convenção de Genebra consagra princípios com os quais os indivíduos e os Estados, espera-se, estejam empenhados em seguir, mas suspeita-se que a maioria não cumpra totalmente a Convenção. Isso levanta a questão: as convenções são relevantes hoje? As guerras não são mais travadas entre Estados, que é o objetivo para o qual as regras foram projetadas, mas entre Estados e indivíduos. Portanto, é discutível que a Convenção esteja desatualizada e deva ser alterada para refletir com mais precisão a natureza dos conflitos modernos, por exemplo, o combate às organizações terroristas.

Levar em consideração esses pressupostos é altamente relevante, pois, de acordo com um relatório da Anistia Internacional de 2014, "indivíduos são torturados por causa de suas opiniões políticas ou porque usam sua liberdade de expressão. As pessoas pertencentes a um grupo religioso ou outro grupo minoritário em particular, ou alvo por causa de sua identidade, também enfrentam um risco aumentado".

3.7. A tortura poderia garantir o controle do cenário da bomba-relógio?

Dershowitz acredita que um requisito de mandado, se aplicado corretamente, provavelmente reduziria a frequência, a severidade e a duração da tortura, já que um requisito de mandado simplesmente impõe um nível adicional de revisão prévia. No entanto, a professora de direito Mary Strauss (2004) considera que um requisito de autorização pouco faria para controlar o uso da tortura. Ao contrário, um procedimento de mandado provavelmente seria um convite ao uso crescente da tortura. As razões apresentadas por Strauss são as seguintes:

1. Os oficiais seriam isentos de qualquer responsabilidade com um mandado. Os oficiais não teriam nada a perder ao solicitar tal mandado, e haveria a possibilidade significativa de que alguns juízes concedam tal solicitação.
2. Um requisito de autorização pouco serviria para supervisionar o processo que seria conduzido em segredo.
3. Uma vez que haveria exceções a tal exigência, sem dúvida, um requisito de autorização pouco faria para acautelar o uso da tortura.

O requisito de garantia também foi sujeito a várias exceções importantes. Essas exceções geralmente se aplicam quando a obtenção de um mandado é impraticável sob circunstâncias específicas. Em tais casos especiais, buscas sem mandado ainda seriam consideradas constitucionais.

3.8. O reaparecimento da tortura: o caso Abu Ghraib

A visão histórica do avanço e as condições do escândalo de Abu Ghraib serão agora brevemente examinadas, com algumas observações sobre a guerra do Iraque em 2003. Vimos que a mobilização simbólica para a Guerra do Golfo em 1991 foi acompanhada por uma inflação do gênero narrativo. Saddam Hussein foi estilizado na ameaça apocalíptica à paz mundial, colocando-o na linha de ditadores como Hitler e Stalin. No entanto, a resolução da ONU apenas permitiu a libertação do Kuwait e o estabelecimento de uma zona de exclusão aérea no sul do Iraque. Saddam Hussein permaneceu no poder mesmo depois de cumprir os objetivos da guerra. O Iraque permaneceu um "negócio inacabado" para os americanos. O que George H. Bush começou foi completado por seu filho George W. Bush. Essa possibilidade surgiu no contexto de 11 de setembro de 2001, o que ajudou a tornar plausível uma possível ameaça ao povo americano, por meio de armas de destruição em massa. Em 29 de janeiro de 2002, o presidente Bush falou pela primeira vez de um "eixo do mal", no qual incluía Iraque, Irã e Coreia do Norte. Seus governos foram acusados de apoiar atividades terroristas e de possuir ou tentar adquirir armas de destruição em massa. No contexto da narrativa apocalíptica do público americano e dos amplos poderes do Presidente, refletidos no memorando pós 11 de setembro, essas acusações pareciam justificar a intervenção militar pelos Estados Unidos. Obviamente, o termo "eixo do mal" se refere às potências do Eixo na Segunda Guerra Mundial, unindo-se ao triunfo incontestável contra o mal supremo e prometendo uma vitória romântica sobre as forças das trevas.

A disputa teve início em 2002, com a suposta alegação de que o Iraque possuía armas de destruição em massa. Logo, o rearmamento simbólico estava em pleno andamento. Nos jornais americanos e britânicos, foram publicadas listas das execuções e das técnicas de tortura usadas na prisão de Abu Ghraib. Em 11 de outubro de 2002, o Congresso dos EUA concedeu ao Presidente poderes para invadir o Iraque, mesmo sem uma resolução da ONU que o apoiasse. No mesmo sentido, Saddam Hussein começou uma mobilização simbólica. Em 20 de outubro de 2002, ele emitiu uma anistia geral, excluindo apenas "sionistas" e "espiões americanos". Esse gesto simbólico foi dirigido principalmente ao próprio povo e provavelmente pretendia enfraquecer os conflitos internos contra a ameaça externa. Na imprensa internacional, Abu

Ghraib foi proclamada repetidamente como a maior prisão do Iraque e um símbolo do reinado de terror de Saddam Hussein: na prisão de Abu Ghraib, um imenso complexo no chão do deserto, 32 quilômetros a oeste de Bagdá, que se tornou um notório símbolo de medo entre os iraquianos por sua história de execuções em massa e alegações de tortura, os pesados portões de aço cederam sob o esmagamento de uma enorme multidão de parentes que correram para a prisão uma hora depois da transmissão da anistia.

A estratégia de garantir o favor popular por meio de anistias e libertações em massa foi mais tarde usada pelos americanos no escândalo de Abu Ghraib. Muito antes do início da guerra, esta prisão já era um ícone das prisões iraquianas. Ela é frequentemente comparada em artigos aos Gulags soviéticos e campos de concentração do Terceiro Reich, que colocaram Saddam Hussein numa proximidade contagiosa de Stalin e Hitler. Esta prisão se tornou um símbolo de violações dos direitos humanos sob o regime de Saddam Hussein e complementou as outras razões para a guerra, em particular a busca de armas de destruição em massa (mais tarde essa justificativa para a invasão mostrou-se infundada).

Embora o Congresso dos EUA tenha autorizado o Presidente em outubro de 2002 a tomar medidas militares, mesmo sem uma resolução da ONU contra o Iraque, os americanos inicialmente procuraram um apoio internacional mais amplo. Em 5 de fevereiro de 2003, por exemplo, Colin Powell realizou uma apresentação no Conselho de Segurança da ONU para convencer o Conselho da existência de armas de destruição em massa no Iraque. Na apresentação, imagens de satélite indistintas receberam inscrições explicativas significativas, que nem as imagens nem as declarações haviam mostrado por si mesmas. Além disso, foram usadas visualizações para deixar claro que os caminhões identificados nas imagens de satélite eram de fato laboratórios móveis para a produção de armas biológicas e químicas.

Após a invasão dos aliados, procurou-se pistas sobre a existência de armas de destruição em massa ou relações com a Al-Qaeda, além de evidências dos abusos dos direitos humanos do regime na prisão de Abu Ghraib, e, pelo menos para esta última, evidências puderam ser encontradas.

3.9. Uma nova Abu Ghraib?

Após a conquista de Bagdá, não demorou muito para que a prisão de Abu Ghraib fosse reaberta pelos libertadores/ocupantes americanos. No entanto, a usina, incluindo as tropas e prisioneiros ali estacionados, sofreu ataques inimigos repetidas vezes no segundo semestre de 2003. Para muitos iraquianos, a prisão tornou-se um símbolo dos odiados ocupantes, enquanto os americanos ficaram visivelmente nervosos diante da crescente resistência. Em 18 de agosto, tropas americanas inadvertidamente mataram um cinegrafista palestino que filmava para a *Reuters* nos portões da prisão de

Abu Ghraib. O soldado responsável afirmou que confundiu a câmera com um lançador de foguetes. A investigação contra o soldado foi interrompida. Cada vez mais, a mídia ocidental também relatou a arbitrariedade utilizada pelos americanos para prender suspeitos. Por exemplo, um exilado iraquiano foi preso apenas três dias após seu retorno à terra libertada e detido por mais de um mês sem explicação.

Depois de reabrir Abu Ghraib como uma prisão militar americana, a liderança militar convidou um grupo de jornalistas ocidentais para testemunhar a mudança no prédio. O prédio foi reformado superficialmente, inclusive para sinalizar aos repórteres e ao público as profundas mudanças morais sofridas pela prisão. O que se viu, no entanto, foi uma encenação teatral para os repórteres. À frente estava o principal comandante da prisão, general Janis Karpinski, mais tarde envolvido no escândalo de Abu Ghraib.

A crise narrativa de legitimidade e fracasso militar no Iraque abriu caminho para as revelações sobre Abu Ghraib. O escândalo ocorreu em um momento ímpar, pois os Estados Unidos ameaçavam perder sua soberania moral. Os casos de abuso foram imprevisíveis. Em julho de 2003, a Anistia Internacional acusou os Estados Unidos de graves violações dos direitos humanos em Abu Ghraib e em outros lugares. A porta-voz da Anistia criticou tanto a justificativa da guerra quanto o comportamento da potência ocupante: essa crítica não só precedeu o escândalo em quase um ano, mas também foi dita três meses antes dos notórios casos de "abuso". Obviamente, nem o exército nem o governo viram necessidade urgente de ação. Os relatórios da Anistia Internacional falharam em mobilizar a opinião pública. Somente as fotos humilhantes de Abu Ghraib foram levadas a sério pelo exército. Somente a publicação causou indignação coletiva, o que trouxe explicações por parte do governo americano, mergulhando-o em uma crise narrativa. A série televisiva *Prison Break* (2005-2009) é sintomática dessa mudança na imaginação popular. A série não apenas mostra uma imagem sombria do sistema prisional dos EUA, mas também faz uma referência explícita às fotografias de Abu Ghraib.

O ato patriótico (*Patriotic Act*), pensado para prevenir ataques terroristas, atribuiu poderes extraordinários a agentes policiais e à inteligência para o aumento da vigilância sobre as comunicações, controle de impressões digitais e a imigração. O que se alcançou foi a suspensão das liberdades civis, o reforço do poder executivo e a decretação de um estado contínuo de emergência. O que se observa, também, é a renúncia de prerrogativas democráticas e, assim, com um só instrumento, a possibilidade de expulsão de *suspeitos* de terrorismo e a anulação da presunção de inocência. Contra o *combatente ilegal*, o terrorista não pode ser objeto de concessão de *habeas corpus* e pode ser torturado porque se enquadraria na categoria de *inimigo* por excelência, para utilizar o conceito formulado por Carl Schmitt (2009).

As fotografias das cenas de interrogatório em Abu Ghraib revelaram novas formas de humilhação e tortura.

Antes de tudo, deve-se notar que o prisioneiro era fixado em sua posição pelos autores e reduzido à passividade total, enquanto seus atormentadores podiam absolutamente se desfazer de seu corpo. A posição dos prisioneiros foi imposta a eles por seus atormentadores. Devido à dor ou mesmo ameaças de morte, foram forçados a assumir tais posições e se apegar a ela. As posturas vistas nas fotos exigem um esforço extremo do prisioneiro, causando fadiga e dor. O desvio dos braços da forma ideal de cruz expressa o esforço e o cansaço da vítima. Um exame mais atento revela a lógica perfidiosa da situação. Não se trata de infligir ferimentos ao prisioneiro usando força externa. Em vez disso, a técnica usada em Abu Ghraib transferiu a força para o corpo do prisioneiro, que inflige a dor a si mesmo. A ameaça de violência extrema mobiliza medos, que levam a pessoa a permanecer em uma posição que a leva a sofrer agonia. O capuz, que era um saco de dormir usado, rouba do prisioneiro não apenas a visão e a orientação, mas também afeta seu senso de equilíbrio. Isso tornou mais fácil para os soldados forçar a submissão do prisioneiro inquieto.

3.10. Por que o caso Abu Ghraib é importante?

O problema terminológico de qualquer trabalho que trate do escândalo de Abu Ghraib é o uso do termo “abusos” para os casos de "tortura". Seria essa uma evidência de que o ocorrido não seria enquadrável na noção de tortura? Embora não esteja em conformidade com os regulamentos oficiais, inúmeras obras sobre Abu Ghraib usam o termo "tortura" como uma questão de aplicação prática do conceito. O uso do termo "abuso" nos incidentes de Abu Ghraib pode se referir à definição de tortura na Convenção das Nações Unidas sobre Tortura, que limita o conceito de tortura à dor ou ao sofrimento causada por um ator em sua capacidade pública ou impositiva, ou por instigação desse ator. O próprio fato de o foco do escândalo estar nas fotografias do chamado "turno da noite" contribuiu para a visão de que os soldados agiam por conta própria e não sob comando. A esse respeito, o termo "abuso" se refere à violação de instruções militares, o que pareceria ser mais apropriado em substância do que o termo "tortura". Em Guantánamo e em Abu Ghraib temos, no entanto, detenções indefinidas e práticas de torturas cotidianas. As práticas usuais são: privação de sono, isolamento, redução na alimentação, luz intensa ou colocação de capuz na cabeça, alternância de calor e frio, ambos extremos, lugar de silêncio ensurdecedor ou com ruído constante, disposição em posição de profundo *stress*, afogamentos, choques, manipulação do medo, simulacro de execução.

As associações à tortura certamente não são infundadas no contexto da guerra contra o terror e o abuso de prisioneiros em Abu Ghraib, uma vez que há uma conexão factual entre os dois. Em uma inspeção mais detalhada, as humilhações de Abu Ghraib possuem a mesma estrutura que o ritual de humilhação da tortura. No entanto, as imagens da prisão pintam uma imagem de tortura que não se encaixa na noção de uma forma de tortura ordenada judicialmente e controlada por médicos que dominou o discurso de tortura após o 11 de setembro. A imagem puramente técnica da tortura inicialmente se manteve firme com os prisioneiros na Baía de Guantánamo e em outros lugares privados do controle do público. Isso leva à conclusão de que a ideia estéril de uma tortura profissional poderia reivindicar uma certa plausibilidade, conforme defendido por Alan Dershowitz. Mas o fato de que esses eventos ocorreram em um submundo escondido da sociedade certamente têm alimentado a imaginação social após as revelações de Abu Ghraib.

3.11. O caso Jamal Khashoggi: tortura e eliminação

"Não cubra minha boca. Eu tenho asma, não faça isso. Você vai me sufocar." "Não consigo respirar." Estas são as palavras de Jamal Khashoggi proferidas por ele durante o interrogatório conduzido por oficiais sauditas.

As primeiras informações sobre o rapto, tortura e assassinato, como mais tarde seria revelado, indicavam que Jamal Khashoggi entrou no consulado saudita, na Turquia, em 2 de outubro de 2018 e não foi mais visto. Os relatórios indicavam que ele compareceu ao consulado em 30 de setembro e foi solicitado pelas autoridades consulares que retornasse quatro dias depois.

Jamal Khashoggi foi ao Consulado de Istambul para dar prosseguimento aos procedimentos de seu casamento às 11h50 de 28 de setembro. Ele foi chamado às 11h50 do dia 02 de outubro e sua entrevista foi reconfirmada. Tendo retornado de Londres a Istambul mais cedo naquele dia, Khashoggi entrou no edifício do consulado a pé, às 13h08. Ele nunca mais foi visto.

Às 17h50, a noiva de Khashoggi, pensando que ele estava sendo mantido à força no prédio do consulado, apelou às autoridades. Em resposta, o governo turco iniciou imediatamente uma investigação. Depois que as câmeras de segurança que monitoravam a área foram examinadas, ficou claro que Khashoggi nunca saiu do Consulado Geral. Como o prédio e as autoridades do consulado têm imunidade diplomática, conforme exigido pela Convenção de Viena – que agora está aberta à discussão – medidas eficazes não poderiam ser tomadas.

O governo da Arábia Saudita, em comunicado divulgado em 4 de outubro, descartou completamente as alegações do assassinato de Khashoggi. O cônsul geral saudita tentou se defender, abrindo armários, arquivos, portas, painéis de eletricidade ao repórter da *Reuters*. Em resposta a como o assunto foi mantido em pauta pela mídia local e internacional, as autoridades sauditas anunciaram que permitiriam uma busca no prédio do consulado. O caso tomou uma dimensão tão impressionante que a autorização para a entrada dos investigadores turcos partiu do próprio rei saudita, Salman Bin Abdulaziz.

As investigações prosseguiram diligentemente e ficou constatado que entre a primeira e a segunda visita de Khashoggi ao consulado, três grupos de militares de diversas patentes das forças armadas sauditas deslocaram-se para Istambul. Entendeu-se que o esquadrão que planejou e conduziu o assassinato foi informado sobre a visita de Khashoggi. Ou seja, um planejamento foi colocado em ação. Isso levou a crer que o crime foi planejado, pelo menos em parte, na Arábia Saudita.

De acordo com a justiça turca, à medida que as investigações foram se aprofundando, informações preciosas foram fornecidas. Primeiro, entendeu-se que 15 membros da segurança, inteligência e forense saudita entraram na Turquia em vários aviões, começando na véspera do assassinato. Seis dessas pessoas deixaram a Turquia em 2 de outubro, às 18h20; sete deles partiram às 22h50 em jatos particulares. Observou-se, também, que houve uma determinação para que um homem, com a aparência semelhante a Khashoggi, de óculos e barba, e um acompanhante, viajasse para Riad em um voo comercial depois da meia-noite do mesmo dia. O pessoal que trabalhava no consulado foi reunido em uma sala sob o pretexto de uma inspeção, e o pessoal nas instalações recebeu permissão para sair pelo mesmo motivo.

Ainda de acordo com a investigação turca, que envolveu uma busca no consulado saudita e na residência do cônsul saudita, Khashoggi foi torturado, espancado, teve os dedos decepados, e foi mutilado por um esquadrão de 15 membros da Arábia Saudita antes de ser desmembrado e transportado em sacos. Além das evidências forenses e de vídeo, a Turquia teria contado com gravações em áudio de Khashoggi e dos autores, obtidas de um dispositivo de vigilância e de outros meios secretos.

Em 15 de outubro de 2018, o príncipe herdeiro saudita Mohammad Bin Salman ordenou ao Ministério Público que iniciasse uma investigação sobre o destino de Jamal Kashoggi após sua entrada no consulado. Quando a Arábia Saudita admitiu que Khashoggi morreu no Consulado, em 18 de outubro de 2018, houve a indicação de que 15 membros do suposto esquadrão da morte e três funcionários do consulado fossem presos e cinco oficiais sauditas demitidos, incluindo dois oficiais próximos ao príncipe herdeiro: o conselheiro da corte real, Saud al-Qahtani, e o vice-chefe de inteligência, Ahmed al-Assiri. O caso demonstrou, conforme as evidências disponíveis, uma participação ativa do príncipe herdeiro saudita Mohammad Bin Salman.

É preciso recordar que o assassinato ocorreu no interior do consulado saudita, mas é importante destacar que aconteceu em solo turco, um país democrático, ainda que questionemos o redirecionamento político feito pelo presidente Recep Tayyib Erdogan. A Convenção de Viena e outras normas do direito internacional não permitem que a investigação de tais assassinatos seja impedida pela imunidade diplomática.

As informações e evidências coletadas na investigação do caso apontaram que Khashoggi sofreu um assassinato brutal, precedido por torturas cruelmente elaboradas. Mesmo diante de todas essas informações, repudiadas de todas as formas por líderes políticos mundo afora, alguns representantes de países democráticos escolheram fechar os olhos para esta atrocidade. Como mais tarde disse Donald Trump (2018), "Nós temos a fita, eu não quero ouvir a fita, não há razão para eu ouvir a fita. Porque é uma fita de sofrimento, é uma fita terrível. [...] Mas, ao mesmo tempo, temos um aliado, e eu quero continuar com um aliado que, de muitas maneiras, tem sido muito bom"[2]. Da mesma forma, o democrata e político espanhol Pedro Sánchez afirmou que condenava o assassinato "horrível" de Khashoggi, no entanto, diz que sua posição está alinhada com "defender o interesse dos setores estratégicos espanhóis". Caso adotemos a mesma atitude diante da tortura e do assassinato, fecharemos os olhos e os ouvidos para o que de mais terrível está acontecendo no interior do mundo democrático. Este caso ilustra o quanto países democráticos parecem estar dispostos a relativizar um fato inquestionável: a prática da tortura e crimes correlatos.

---

2 Tradução livre de TAYLOR, David. "Trump refuses to listen to audio tape of Jamal Khashoggi's 'vicious' murder". *The Guardian.* 18 nov. 2018. Disponível em: https://www.theguardian.com/world/2018/nov/18/jamal-khashoggi-killers-may-have-taken-body-parts-out-of-turkey-in-luggage.

3.12. Uma breve análise da tortura

> *"Se, finalmente, quero chegar à análise da tortura, infelizmente não posso poupar o leitor da descrição objetiva do que aconteceu; Só posso tentar torná-la breve."*
>
> AMÉRY, 1980, p. 32

> *"[...] a tortura é o evento mais horrível que um ser humano pode reter dentro de si."*
>
> AMÉRY, 1980, p. 22

Jean Améry nasceu na Áustria como Hans Maier, em 1912. Seu pai era um judeu assimilado e sua mãe era católica. Com a ascensão do regime nazista, a ascendência judaica de Maier se tornou potencialmente fatal e, em dezembro de 1938, ele fugiu para a Bélgica e se juntou à resistência. Logo ele foi preso, torturado pela Gestapo e enviado a vários campos de concentração e extermínio, incluindo Auschwitz. Após a libertação, retornou a Bruxelas e, em 1955, começou a publicar sob o pseudônimo francês Jean Améry. Améry usou sua própria vida e experiência como objeto de experimentação literária ou elucidação filosófica. Entre seus escritos posteriores, encontram-se obras sobre suicídio, e a proximidade entre sua vida e sua obra era, infelizmente, também evidente: em 1978, Amery tirou a própria vida em um quarto de hotel em Salzburgo.

De acordo com Améry, com quem concordo, a tortura existiu e ainda existe. Seja promovida pelo Estado ou submersa na realidade, é uma prática que perdura. Mesmo abolida formalmente, ela persiste como prática, como ato.

Como diz Améry, "Na maioria dos países ocidentais, a tortura no que diz respeito à instituição e ao método foi abolida no final do século XVIII. No entanto, hoje, dois séculos depois, homens e mulheres ainda afirmam ter sido torturados e ninguém pode dizer quantos são" (1980, p. 22).

Quando Améry descreve o primeiro golpe que invade sua fronteira corporal, infligido por um policial, sua consequente perda de confiança no mundo é constituída por três elementos principais: 1) a extinção de qualquer tipo de expectativa de ajuda; 2) negação total da vontade dos torturados; e (3) o isolamento ameaçador da existência que reduz o mundo a torturador e torturado. Neste sentido, não pode ser contrabalançada pela expectativa de ajuda nem alterada por qualquer tipo de resistência. Segundo Améry (1980, p. 29), "Em quase todas as situações da vida em que há lesões corporais, há também a expectativa de ajuda; a primeira é compensada pela segunda. Mas com o primeiro golpe do punho de um policial, contra o qual não pode haver defesa possível e que nenhuma mão amiga afastará, uma parte de nossa vida termina e nunca mais pode ser revivida". Se a expectativa de ajuda, a certeza da ajuda, é de fato uma das experiências fundamentais dos seres humanos, isso desaparece nas práticas de tortura.

Ainda que a tortura seja considerada o equivalente do totalitarismo, o que temos é sua presença indistinta nas modernas concepções de democracia e de Estado. Considerando que o ápice da tortura seja localizado em regimes autoritários, sua prática é mais recorrente e presente na atualidade, ainda que não nomeada deste modo. Não seria arriscado afirmar que neste instante, em algum lugar do mundo, alguém esteja sofrendo tortura e gritando por sua vida, talvez mais próximo do que sequer imaginamos. Nesse sentido, mesmo que a tortura seja a essência dos regimes totalitários, outros regimes assumem-na de forma colateral ou acidental.

É desse modo que, em um interrogatório policial, os golpes violentos têm apenas um significado criminológico escasso. Eles são tacitamente praticados e aceitos, uma medida entendida como normal e aplicada contra prisioneiros que não querem confessar. O que se vê são práticas de tortura dentro do aclamado "limite da legalidade". O que se pode observar são agentes policiais espancando prisioneiros e sendo cobertos energicamente por seus oficiais superiores. Golpes simples, que são realmente incomensuráveis com a tortura real, podem quase nunca criar um eco de grande alcance entre a opinião pública, mas para a pessoa que os sofre ainda são experiências que deixam marcas profundas. O primeiro golpe violento lembra ao prisioneiro que ele é impotente e, portanto, já assinala tudo o que está por vir.

Pode-se saber sobre tortura e morte em uma prisão, sem que esse conhecimento possua qualquer associação com o valor da vida, mas no primeiro golpe são antecipadas as dores como possibilidades reais, como certezas. Eles têm "permissão" de dar um soco na cara do detido e a pessoa já pode concluir que farão com ela o que quiserem. Quem quer que se apresse para ajudar o prisioneiro – esposa, mãe, irmão ou amigo – não chegará a tempo do resgate diante da tortura. É esta a perspectiva que Améry assume ao dizer que "com o primeiro golpe perdemos algo que podemos chamar provisoriamente de 'confiança no mundo'" (1980, p. 28). Os torturadores não são, mesmo assim, exclusivamente oficiais de Estado. Eles se encontram em qualquer canto e lugar e é difícil localizar os seus rostos. Ainda segundo Améry, "Os nazistas torturaram, assim como outros, porque, por meio da tortura, eles queriam obter informações importantes para a política nacional. Além disso, eles torturaram com a boa consciência da depravação. Eles martirizaram seus prisioneiros com propósitos definidos, que em cada caso eram exatamente especificados. Acima de tudo, porém, eles torturaram porque eram torturadores. Eles colocaram a tortura a seu serviço e mais do que isso, eram mais fervorosamente seus servos" (1980, p. 31). Suas práticas agora se estenderam para além do totalitarismo e estão entre nós.

Em seu ensaio sobre tortura, Améry analisa precisamente em seu próprio caso qual era essa dinâmica destrutiva que começou nos porões de tortura e terminou nos fornos dos crematórios. Para ele, o objetivo da tortura é destruir o ego. A extinção do ego-corpo destruído nos crematórios dos campos de extermínio foi, depois de investigadas todas as possibilidades de exploração, apenas a remoção da marca própria do corpo, o "material humano", de que a fumaça e as cinzas significavam os restos efêmeros do ser humano. Com o primeiro golpe começa a destruição do ego, que atinge seu objetivo na completa aniquilação do ser humano feito objeto. Para aqueles que sobreviveram à provação da tortura, à "vergonha da aniquilação" sofrida e experimentada, permanece uma marca indelével em sua existência. A provação da tortura separa corpo e mente, assim como separa o ser humano, seu ego do mundo. A linguagem da aniquilação destrói o corpo e, portanto, também o ego. A tortura desintegra a relação do sujeito com seu corpo, remove-o de suas referências intersubjetivas e morais, remove-o do mundo. O que acontece com a pessoa que está sendo torturada pode ser descrito como regressão ou dissociação forçada, dependendo se as informações ou confissões devem ser extraídas ou se a destruição da realidade física do sujeito está abertamente em primeiro plano e se isso é alcançado através de dores físicas e/ou mentais.

O interrogatório coercitivo, ao contrário do que se pensa, não seria uma conversa, um diálogo, mas já seria a tortura posta em prática. Incessante, ininterrupto, sem descanso e inexoravelmente transformado em violência física, caso não se obtenha o segredo que se quer extrair. A tortura não parece, no entanto, voltada para a extração do segredo, uma vez que há uma conexão profunda entre segredo e intimidade, entre segredo e subjetividade. Ao extrair o segredo extrai-se também a intimidade. O torturado termina, assim, sem subjetividade e sem intimidade, tem sua existência escavada e retorcida. Com a tortura tem-se o dilaceramento de qualquer traço de humanidade no torturado e a devastação da condição humana propriamente dita.

Além da destruição tortuosa da subjetividade da vítima, a característica de seus autores é um determinante indispensável para a compreensão do que entendemos por tortura. A tortura política, por exemplo, é aquela realizada por membros de forças militares ou policiais direta ou indiretamente, sob a autoridade legítima do Estado.

Não abordarei a distinção costumeira entre tortura física e tortura psicológica, pois me parece possuir um sentido bastante restrito. Considero que a tortura moderna é sempre uma combinação de ambas. As técnicas de interrogatórios destinadas a induzir a vítima a responder a determinadas perguntas só têm toda a sua eficácia no contexto de tortura física anterior ou na prática de tortura com eletrochoques. Os métodos seguintes, como privação sensorial ou administração de drogas da verdade, em seu efeito total, visam o sujeito como um sistema psicofísico. O conhecimento da estreita conexão entre as partes cognitiva e física do sujeito possibilitou o desenvolvimento de métodos de tortura que, sem deixar vestígios físicos, fazem com que a pessoa torturada se dissocie. A privação sensorial, por exemplo, é um desses métodos: ficar imóvel por inúmeras horas em um lugar desconhecido, com um capuz opaco na cabeça e sob ruído monótono é considerado tortura; com a falta de interação sensorial com o mundo e a dor persistente que a imobilidade suscita, a pessoa atormentada pela tortura perde toda a orientação e todo o apoio interior, o que causa um efeito destrutivo em sua psique.

A prática da tortura no caso de interrogatórios elimina a subjetividade das vítimas. A capacidade atribuída a elas é, na verdade, uma apreensão de sua subjetividade, pois a tortura libera o indivíduo e o priva de seu ego. Como os relatos de torturados indicam, sob a tortura a pessoa está absolutamente à mercê do torturador, perde a consciência de seu ego, que é apenas dor, e perde o controle de seu corpo e de sua linguagem. O que antes era seu mundo se dissolve para suportar a dor agonizante, o tormento e a agonia, seja ela psíquica ou física. Às vezes, escolhemos algo usando um conceito que envolve a necessidade lógica de que a coisa escolhida seja ruim. A dor agonizante seria um desses conceitos. Onde quer que haja dor agonizante, seja em pessoas ou animais, ela não pode – por necessidade lógica – ser outra coisa senão ruim. Nós não chamaríamos isso de "dor agonizante" se não fosse ruim. É claro que se alguém se beneficiasse enormemente de algum tratamento médico dolorosamente penoso com o qual consentisse, dando-lhes então aquele tratamento poderia ser a melhor coisa a fazer, mas o fato de que esse tratamento envolvesse um paciente sofrendo de dor agonizante seria por si só uma característica ruim do que seria melhor para fazermos.

Considero que a dor extrema forma o núcleo da tortura e está sujeita à interpretação, o que dependerá crucialmente da situação em que é vivida. Mas, por mais que seu sentido próprio seja determinado por essa interpretação, ele se retira dela e, enquanto experiência negativa, permanece um elemento perturbador e destrutivo em toda estrutura dos sentidos. Isso contradiz a ideia que há muito tempo goza de um amplo consenso, de que o objetivo final da tortura seria confessar a verdade. Como se o castigo já fosse justificado em si, como se quem o sofresse quase lhe trouxesse culpa. Com essa reversão moral, sobre a qual foi construída uma ficção secular, alegou-se que não apenas aliviaria o autor de suas responsabilidades, mas também de fazer passar tortura por um instrumento de confissão.

Especialmente na determinação dos propósitos e causas da tortura, fica claro que a definição está escrita fora do exame das experiências no século XX: o objetivo de obter informações ou uma confissão, o objetivo de punição, intimidação, o exercício de coerção e qualquer motivo baseado em qualquer tipo de discriminação. Em última análise, a tortura, ainda que não esteja mais colocada no contexto de práticas sociais, políticas ou jurídicas específicas, pode ser entendida como expressão e meio de discriminação de qualquer tipo. É, portanto, difícil imaginar que a definição de tortura apresentada na Convenção da ONU teria sido prontamente entendida, e muito menos formulada, em séculos anteriores. Isso se deve principalmente ao fato de que a compreensão da dor e sua relação com o corpo, a subjetividade e a verdade ou uma relação semelhante além da subjetividade mudou bastante. Na Convenção da ONU, a imposição de dor e sofrimento não está ligada a um sentido político ou religioso. Isso seria impensável para as pessoas no início da modernidade europeia. Para eles, corpo e mente eram atravessados por forças estranhas, divinas e diabólicas. A vida própria pertencia muito menos ao indivíduo, assim como estava muito menos relacionada ao sujeito individual e à sua experiência pessoal.

Como vimos, depois de setembro de 2001, a condenação da tortura não é mais óbvia. Emergindo da semiclandestidade, onde continuou sendo refinada, a tortura foi declarada uma necessidade pelo governo americano, foi aceita no debate público e oficialmente admitida pela primeira vez em uma democracia. Os resultados ainda estão por serem examinados. Devemos estar atentos, pois a tentação de perder nossos valores mais preciosos é sempre mais premente em tempos de emergência. No entanto, é exatamente nestes momentos em que é mais importante manter nossa bússola moral. Somente uma proibição absoluta da tortura, sem exceção, permitirá que resistamos ao impulso de ignorar valores fundamentais em favor de uma segurança ilusória.

3.13. Referências

AGAMBEN, Giorgio. *O que resta de Auschwitz: O arquivo e a testemunha (Homo Sacer III)*. São Paulo: Boitempo, 2008.

______. *Stato di eccesione*. Torino: Bollati Bolinghieri, 2003.

AGAMBEN, Giorgio. *Homo Sacer: Il potere sovrano e la nuda vita*. Torino: Einaudi, 1995.

ALTER, Jonathan. "Time to Think about Torture: It's a New World, and Survival May well Require Old Techniques that Seemed out of the Question". *Newsweek*, 5 nov. 2001.

AMÉRY, Jean. "Torture". *At the mind's limits: Comtemplations by a survivor on Auschwitz and its realities*. Trad. Sidney Rosenfeld e Stella P. Rosenfeld. Bloomington: Indiana University Press, 1980.

AMNESTY INTERNATIONAL. *Torture in 2014: 30 Years of Broken Promises*. Disponível em: https://www.amnesty.org/download/Documents/4000/act400042014en.pdf. Acesso em: 18 set. 2020.

ARENDT, Hannah. *Eichmann em Jerusalém: Um relato sobre a banalidade do mal*. São Paulo: Companhia das Letras, 1999.

______. *Sobre a violência*. Rio de Janeiro: Relume Dumará, 1994.

BYBEE, Jay S. *Memorandum for Alberto R. Gonzales, Counsel to the President*. Washington, D. C.: U. S. Department of Justice, 1 ago. 2002. Disponível em: https://nsarchive2.gwu.edu/NSAEBB/NSAEBB127/02.08.01.pdf. Acesso em: 18 set. 2020.

CERTEAU, Michel de. "Corpi torturati, parole catturate". *Humanitas*, 65 (2), 2010.

DERSHOWITZ, Alan. "Tortured Reasoning". *In*: LEVINSON, Sanford (ed.). *Torture: A Collection*. Nova Iorque: Oxford University Press, 2004.

______. "Should the Ticking Bomb Terrorist Be Tortured?". *Why Terrorism Works: Understanding the threat, responding to the challenge*. New Haven: Yale University Press, 2002.

GETTY IMAGES. *Fotos e imagens de Abu Ghraib*. Disponível em: https://www.gettyimages.it/immagine/abu=-ghraib-prison?sort=mostpopular&mediatype-photography&phrase=abu%20ghraib%20prison. Acesso em: 18 set. 2020.

GONZALEZ, Alberto R. *Memorandum for the President*. January 25, 2002. Disponível em: http://hrlibrary.umn.edu/OathBetrayed/Gonzales%201-25-02.pdf.

GROSS, Oren. "Are Torture Warrants Warranted? Pragmatic Absolutism and Official Disobedience". *Minnesota Law Review*, 735: 101-175, 19 abr. 2004.

IGNATIEFF, Michael. "Moral Prohibition at A Price". *In*: K. Roth *et. al*. (eds.). *Torture: Does it Make us Safer? Is it Ever Ok?*. Nova Iorque: New Press, 2005, p. 24.

______. *Lesser Evil: Political ethics in an Age of Terror*. Princeton: Princeton University Press, 2004.

ROTH, Kenneth; WORDEN, Minky (eds.). *Torture: Does It Make Us Safer? Is It Ever OK? A Human Rights Perspective*. Nova Iorque/Londres: New Press, 2005.

SCHMITT, Carl. *O conceito do político*. Belo Horizonte: Del Rey, 2009.

SHUE, Henry. "Torture". *Philosophy and Public Affairs*, 7 (2): 124-143, 1978.

SONTAG, Susan. *Regarding the Pain of Others*. Nova Iorque: Picador/Farrard/Strauss and Giroux, 2003.

STRAUSS, Marcy. "Torture". *New York Law School Law Review*, 48: 201-274, 2004.

THE GUARDIAN. *O caso Khashoggi*. Disponível em: https://www.theguardian.com/world/jamal-khashoggi. Acesso em: 18 set. 2020.

Esta obra foi composta em sistema CTcP
Capa: Supremo 250 g – Miolo: Pólen Soft 80 g
Impressão e acabamento
Gráfica e Editora Santuário